AF496139

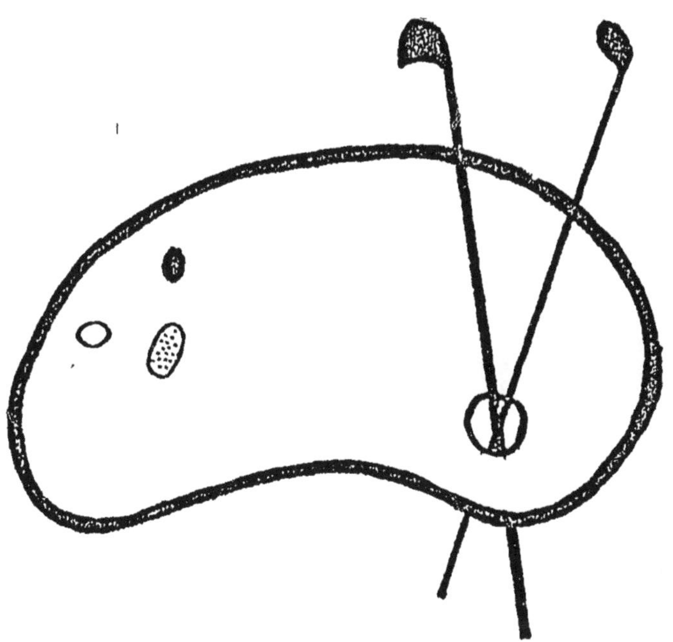

MAURICE RONDET-SAINT

AUX CONFINS DE L'EUROPE ET DE L'ASIE

PRÉFACE DE M. ANDRÉ LEBON

Avec une carte

PARIS
LIBRAIRIE PLON
PLON-NOURRIT ET Cie, IMPRIMEURS-ÉDITEURS
8, RUE GARANCIÈRE — 6e

1913

A LA MÊME LIBRAIRIE

Promenades au Far-West, par François DE TESSAN. 2e édit. Un volume in-16. . . . . 3 fr. 50

D'Alger à Tombouctou. *Des rives de la Loire aux rives du Niger*, par le comte René LE MORE. 2e édition. Un volume in-16 avec une carte. . . . . 3 fr. 50

Au Pays des mystères. *Pèlerinage d'un chrétien à la Mecque et à Médine*, par Albert LE BOULICAUT. Un volume in-16. 3 fr. 50

Voyage à l'île Majorque, par J. LECLERCQ. Un volume in-16 avec 16 gravures et une carte. . . . . 4 fr. »

Aux Sources du Nil par le chemin de fer de l'Ouganda, par J. LECLERCQ. 2e édition. Un volume in-16 avec 16 gravures hors texte et une carte. . . . . 4 fr. »

Un Séjour dans l'île de Ceylan, par J. LECLERCQ. Un volume in-16 avec 16 gravures hors texte et une carte. . . . 4 fr. »

Promenades italiennes. — **Rome et ses environs.** — *Tableaux romains — Campagne latine — Monts Volsques — Plages latines — Monts Herniques — Château de Bracciano — Cap Circé*, etc., par F. GRÉGOROVIUS. Adaptation de Mme Jean CARRÈRE. Un volume in-16 . . . . 3 fr. 50

Promenades italiennes. — **Palerme, Syracuse, Naples, Ravenne,** par F. GRÉGOROVIUS. Adapté de l'allemand par Mme Jean CARRÈRE. 2e édition. Un volume in-16. . . 3 fr. 50

Chasses et chasseurs arctiques, par le duc D'ORLÉANS. Un volume in-16, avec 25 gravures hors texte. . . . . . . 4 fr. »

Le Mexique d'aujourd'hui et ses mines d'argent, par Albert BORDEAUX. 2e édition. Un volume in-16 avec une carte et 16 gravures hors texte . . . . 4 fr. »

Le Far-West chinois. — **Deux années au Setchouen.** Récit de voyage; étude géographique, sociale et économique, par le Dr A.-F. LEGENDRE, médecin-major de 1re classe des troupes coloniales, directeur de l'École de médecine impériale de Tchentou (Setchouen). 3e édition. Un volume in-16 accompagné d'une carte et de gravures. . . . . 5 fr.

Le Far-West chinois. **Kientchang et Lolotie.** *Chinois, Lolos, Sifans*, par le Dr A.-F. LEGENDRE. Un volume in-16 avec huit gravures et une carte . . . . 5 fr.
(Couronné par l'Académie française, prix Montyon.)

Journal de bord d'un aspirant, par AVESNES. 4e édit. Un vol. in-16 . . . . 3 fr. 50
(Couronné par l'Académie française, prix Montyon)

Au Pays de « la Vie intense », par l'abbé Félix KLEIN. 11e édition revue. Un volume in-16. . . . . 3 fr. 50
(Couronné par l'Académie française, prix Montyon.)

En karriole à travers la Suède et la Norvège, par Albert VANDAL, de l'Académie française. Un vol. in-18 enrichi de gravures sur bois dessinées par L. Breton d'après des photographies et des croquis. 5e édition. . . . . 4 fr.

PARIS. TYP. PLON-NOURRIT ET Cie, 8, RUE GARANCIÈRE. — 18213.

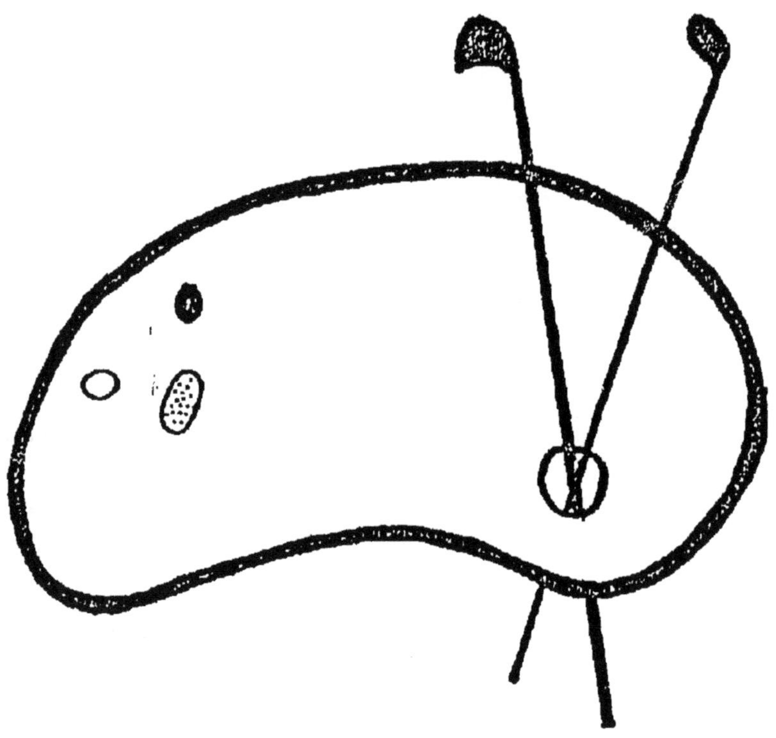

FIN D'UNE SERIE DE DOCUMENTS
EN COULEUR

AUX
CONFINS DE L'EUROPE
ET DE L'ASIE

DU MÊME AUTEUR A LA MÊME LIBRAIRIE

La Grande Boucle. Notes et croquis de l'Ancien Continent et des Deux Amériques. Avec une Préface de M. Pierre BAUDIN. 3e édition. Un volume in-16. 3 fr. 50

(Couronné par l'Académie française, prix Montyon.)

L'Afrique équatoriale française. Préface de M. M. SAINT-GERMAIN, Président du Groupe Colonial du Sénat. Un volume in-16 avec une carte..... 3 fr. 50

Dans notre Empire noir. Préface de M. Abel BALLIF, Président du Touring-Club de France. Un volume in-16 avec une carte.......................... 3 fr. 50

L'Avenir de la France est sur mer. Un volume in-16 avec une Préface de M. Paul DOUMER.... 3 fr. 50

EN PRÉPARATION :

En France africaine.

PARIS. TYP. PLON-NOURRIT ET Cie, 8, RUE GARANCIÈRE, 6e. — 18213.

Maurice RONDET-SAINT

AUX CONFINS DE L'EUROPE ET DE L'ASIE

Préface de M. André LEBON

PARIS
LIBRAIRIE PLON
PLON-NOURRIT et Cie, IMPRIMEURS-ÉDITEURS
8, rue Garancière — 6e

1913

PRÉFACE

J'ai connu M. Maurice Rondet-Saint, il y a déjà de longues années, à l'École libre des sciences politiques.

Sous prétexte d'enseigner l'histoire constitutionnelle de la France et de quelques grands États, je m'appliquais alors à solliciter la jeunesse de porter son attention au delà de nos frontières et d'y rechercher des exemples dont nous pussions tirer profit pour le développement de nos institutions politiques et l'éducation de notre caractère national.

M. Maurice Rondet-Saint ne demandait qu'à être encouragé dans la voie où l'entraî-

nait déjà son tempérament. Il s'est si bien laissé inciter que, depuis lors, il n'est guère d'années où il ne consacre plusieurs mois de son temps à voyager de-ci de-là. Et, comme il ne cherche point dans le tourisme les satisfactions égoïstes, chaque fois il rend compte au public de ses impressions et de ses conclusions sur ce qu'il a vu ou entendu. Il le fait avec une grande vivacité d'intelligence et de style, avec une entière bonne foi et une sincérité qui n'exclut point toujours la rudesse à l'égard de ses compatriotes.

Cette fois, c'est dans le Levant, dans la mer Noire et au Caucase qu'il nous mène à sa suite. Il a fait cette excursion dans un temps où les relations internationales étaient particulièrement tendues; aussi a-t-il, plus que jamais peut-être, dirigé ses observations vers tout ce qui pouvait enseigner à son pays le moyen de corriger ses défauts et d'améliorer sa situation dans le monde.

Il a fait d'importantes et précieuses découvertes au cours de cette dernière randon-

née : il s'est aperçu notamment qu'alors que notre devoir national devrait être de défendre, contre toutes les critiques souvent intéressées de nos concurrents, les instruments et les institutions qui concernent la grandeur de la France, notre esprit de fronde ou de dénigrement nous conduit trop souvent à diminuer la valeur vraie de ce qui a l'honneur de porter le pavillon français.

C'est ainsi qu'il s'est avisé que nos navires de la Méditerranée ne méritent, à tout prendre, aucun des reproches fondamentaux qu'on leur adresse et que, somme toute, on y est mieux et plus loyalement traité qu'à bord de certains bateaux étrangers; ainsi encore qu'il a constaté par lui-même l'excellence de la construction navale française, qui permet à certaines marines de création récente de conquérir du premier coup sur les mers une place éminente. Par contre, le spectacle des choses du dehors lui a montré que, si notre pays dispose de cer-

tains éléments de travail et de tenue qui pourraient encore lui assurer la primauté dans la concurrence internationale, ses lois et ses règlements le placent, vis-à-vis de cette concurrence, dans un état d'infériorité marquée.

Il s'est produit ceci de curieux par exemple, qu'obligée par l'état de guerre de dénationaliser quelques-uns de ses bateaux pour ne point interrompre la totalité de ses relations maritimes, la Grèce, plutôt que de s'adresser au pavillon français, vers lequel la portaient d'anciennes traditions de sympathie et de gros intérêts commerciaux, a dû se placer sous la protection plus lointaine, mais moins tyrannique et moins dispendieuse, du pavillon américain, justifiant ainsi, sans le savoir sans doute, l'éternel reproche que l'armement français fait aux pouvoirs publics de rendre impossible la lutte de la marine française contre le pavillon étranger.

A conditions égales de prix de premier

établissement, le navire français est, en effet, handicapé au profit de ses rivaux étrangers par l'abus des réglementations qui pèsent sur lui, par la cherté de la main-d'œuvre, par l'élévation des frais de nourriture de l'équipage et par d'autres conditions, dans l'énumération desquelles il serait trop long de s'aventurer. Ajoutez à cela que les marines rivales disposent, plus que la nôtre, des marchandises formant le fond du chargement des navires ; que c'est dans leur pays d'origine et non dans le nôtre que prennent naissance ces courants d'émigration, qui font encore la richesse de certaines lignes de navigation, et que la pensée perce, chez la plupart des États fournissant des travailleurs au nouveau monde, de garder pour eux-mêmes, c'est-à-dire pour les navires naviguant sous leur propre pavillon, le monopole des transports des ouvriers des usines et des champs qui essaiment à travers l'univers : vous jugerez avec M. Rondet-Saint, comme avec tous les esprits réfléchis, que la lutte devient chaque jour de plus en plus malaisée pour l'armement français.

Le lecteur trouvera bien d'autres choses précieuses dans les notes de voyage qui suivent ces quelques lignes. Il ne m'appartient pas de refaire, après M. Maurice Rondet-Saint, un voyage que je n'ai pu accomplir moi-même et où mon témoignage ne pourrait ni corroborer ni infirmer le sien; mais, en le suivant dans ces régions qu'il nous fait entrevoir, on aura l'impression à chaque pas d'être mené par le guide le plus dévoué, le plus clairvoyant et le plus passionnément patriote que l'on puisse désirer.

André LEBON.

AUX CONFINS

DE

L'EUROPE ET DE L'ASIE

NOTES ET CROQUIS

VERS L'ORIENT

Au beau temps du boulevard et des boulevardiers, toute une pléiade de gens en vue : clubmen, littérateurs, artistes, se faisaient une sorte de point d'honneur de ne jamais franchir les fortifications. C'était là une des formes de ce que nous avons appelé par la suite le snobisme. Retour des choses :

aujourd'hui, quiconque se pique d'être peu ou prou « dans le mouvement » se croirait diminué en se montrant à Paris à partir du Grand Prix. Certains, dénués de préjugés, ont bien osé hasarder que nulle saison plus que l'été n'est propice pour apprécier la beauté de Paris. Ceux-là sont des amateurs de paradoxe, des originaux, dont aucun, soucieux de sa respectabilité, ne se hasarderait à suivre l'exemple. Et, alors, c'est l'exode : les heureux possesseurs de yachts grands et petits vont goûter les joies du large ; les automobilistes, les pédards s'enfuient le long des routes de France et d'ailleurs ; les alpinistes violent les altitudes ; les amateurs d'élégance et les cercleux s'efforcent de retrouver dans les villes d'eaux et sur les plages à la mode les sensations de la Ville-Lumière, durant que ses lampions sont éteints ; les châtelains villégiaturent en leurs terres ; et la multitude du *vulgum pecus* peuple les éphémères trous-pas-cher.

Est-ce tout? Non pas. Il est un autre

moyen, combien charmant, combien varié, celui-là, de s'évader de Paris l'été : c'est la grande croisière en pays éloignés, sinon lointains; soit en utilisant certaines organisations françaises, trop rares encore; soit en recourant aux « trips » maritimes offerts par des Compagnies de navigation, françaises ou étrangères : ces dernières le plus souvent américaines, anglaises ou allemandes; soit enfin, en combinant soi-même une croisière et en employant pour cela les lignes régulières existantes, françaises de préférence, bien entendu, le plus élémentaire des devoirs — j'emploie à dessein ce mot un peu pompeux en l'espèce — étant de favoriser en toutes circonstances notre pavillon et nos nationaux.

Voici donc le programme auquel, pénétrés de l'excellence de ce mode de villégiature, nous nous arrêtâmes : départ de Marseille, par les Messageries Maritimes, pour Odessa par Patras, Syra, Salonique et Constantinople; visite de la Russie Méridionale et de la Crimée, d'où nous devons gagner Batoum par un paquebot russe. De là, Tiflis; enfin Bakou, sur la Caspienne. Retour à Marseille, de Batoum, avec, de nouveau, les Messageries Maritimes, par Trébizonde, et les ports de l'Asie Mineure sur la Mer Noire, Constantinople, Smyrne et le Pirée. Itinéraire varié, plein d'attrait, comme vous voyez; et voyage qui promet d'être charmant, si tout va bien... comme il faut toujours en avoir la conviction, quand on se met en route.

Il fait grand jour déjà depuis longtemps, quand nous sortons du somme consciencieusement commencé depuis Paris. De Lyon, l'admirable vallée du Rhône — non revue depuis une descente avec l'*Ombre,* il y a quelques années, puisque ce trajet en chemin de fer s'effectue le plus souvent la nuit, — déroule sous une lumière intense le panorama changeant de ses sites tour à tour sévères et charmants. Des nombreux points où l'on suit le fleuve, on aperçoit les travaux d'endiguement; ceux-ci paraissent avoir été très poussés, depuis quelques années. Les barrages transversaux, en pierre, destinés à retenir dans le lit la masse des eaux, ont été multipliés. J'ignore où en est à l'heure actuelle le mouvement commercial du Rhône. La question importe peu ici, d'ailleurs; mais il est permis de supposer que, malgré leur opportunité présente, ces travaux ne pourront jamais procurer à notre grande artère fluviale du Midi des conditions de navigabilité telles, qu'elles correspondent à l'immense effort en ce moment même accompli dans le but de relier Marseille au cœur de la France et à l'Europe Centrale par le Rhône. A défaut de données techniques précises, seul, est-il permis de supposer, un canal latéral sera solution de ce gros et délicat problème.

auquel sont liés de si formidables intérêts, généraux ou particuliers. Cette solution demandera, assurément, avec beaucoup de millions, beaucoup de temps.

Par contre, on ne peut que répéter le regret de voir une des régions les plus superbement douées de l'Europe aussi délaissée, au point de vue de l'exploitation touristique. Depuis l'époque, déjà éloignée, où les bateaux à voyageurs de la Compagnie de Navigation qui effectuaient un service régulier entre Lyon et Arles l'ont cessé, rien n'a plus été tenté dans cette voie.

Le tourisme s'est cependant développé depuis, partout ailleurs, dans les proportions que l'on sait. Son action féconde a porté l'activité et la richesse jusque dans les coins les plus reculés, les plus dédaignés, les plus ignorés même, de notre pays.

Le fait que la vallée du Rhône est restée en dehors de cette évolution constitue une anomalie sans explication. Sans doute, de prochaines et judicieuses initiatives la feront-elles cesser. On doit, à tous égards, en formuler le souhait.

* * *

Nous voici installés à bord de notre paquebot, le *Sidon*, des Messageries Maritimes. Certains nous avaient fait du bateau une description assez fraîche. Non pas qu'il soit très âgé, puisqu'il date de 1891. Mais c'est, avec le *Memphis*, le plus petit de la ligne : 5 300 tonneaux de déplacement et 1 500 chevaux de force. Ce type de bateaux comporte, par contre, une disposition à laquelle on a renoncé dans les navires plus modernes, pour les doter du colossal château central qui les enlaidit tant, et n'est pas exempt d'inconvénients dont les plus graves sont, dans les pays chauds, le groupement des logements autour de la cheminée et de l'aération des chaufferies, sans compter, ce qui est plus désagréable pour les passagers, les allées et venues constantes de l'équipage et des passagers de pont entre l'avant et l'arrière, désagrément que l'installation des coursives ne suffit pas toujours à faire disparaître, ni même à atténuer. Mais les « châteaux » sont à la mode; et, en navigation comme en tout, la mode ne transige pas...

Deux belles et spacieuses cabines nous ont été réservées dans le rouf; commandant très aimable, — amabilité, si j'en juge par tous ceux avec lesquels j'ai voyagé jusqu'ici, devenue de tradition dans notre Marine Marchande, — bonne cuisine, personnel stylé, navire irréprochablement tenu. Tout de suite, nous sommes à notre aise à bord. Et nous nous y trouverons fort bien pendant toute la durée de notre traversée. D'ailleurs, l'habitude du voyage donne vite celle de s'en rapporter en tout seulement à ce que l'on voit par soi-même, et de ne tenir que très secondairement compte des avis le plus souvent donnés par des officieux trop empressés ou mal avertis.

Le *Sidon* appareille. Lentement, nous gagnons à travers les immenses bassins, bordés de vastes magasins, neufs pour la plupart, la passe Est et le large. Nous frôlons un énorme paquebot allemand tout neuf, de ce service Marseille-Alexandrie par lequel nos redoutables concurrents sont venus jusque dans nos eaux lutter contre notre pavillon. C'est leur droit strict, évidemment. Mais je n'hésite pas à le répéter encore : nous autres Français nous devons de soutenir, même en cas d'infériorité, nos services maritimes, en leur réservant notre clientèle, comme le font les étrangers pour les leurs : vérité trop fréquemment oubliée de beaucoup d'entre nous, ayant tendance à s'imaginer, à tort, qu'il n'est pas, en ce domaine, de patriotisme. Le premier de tous est, au contraire, le patriotisme pratique, que l'on peut, sans se tromper, considérer comme très supérieur à celui des rhéteurs platoniques.

*
* *

La mer est d'huile. Pas un mouvement. « On se croirait sur la Seine, en bateau-mouche », me dit très sérieusement un de nos jeunes compagnons, Parisien qui en est à sa première traversée.

On s'y sera cru jusqu'à Patras. Pour ma part, je préférerais la mer un peu moins monotone. Mais il ne faut pas être égoïste. Puis, à bord, les journées passent si vite!

Sitôt que nous avons viré vers l'Est, défilé devant Marseille, perdu de vue Notre-Dame de la Garde, et, le soir venu, Toulon, deviné dans la nuit aux rayons des projecteurs, c'est cette solitude du large, dont le contraste rapide surprend toujours, aux abords presque immédiats des plus grands centres d'activité maritime.

Dans une éclatante et limpide lumière d'été méditerranéen nous passons les Bouches. A bâbord, Bonifacio se penche, presque en porte-à-faux sur le surplomb de sa falaise. La terre n'est pas à plus de deux milles. Et si je n'avais le souvenir d'une visite, en ce point, avec mon steam-yacht *Sainte-Marthe,* à peine pourrais-je retrouver, grâce à ma fidèle jumelle Huet, l'ouverture du chenal en *S* qui donne accès au port. Les Génois, qui furent un grand peuple, savaient merveilleusement choisir les emplacements stratégiques de leurs forteresses.

A tribord, dénudées, les montagnes de Sardaigne font pendant à celles de Corse. Sur un îlot escarpé, les Italiens ont établi un beau phare, flanqué d'un castel blanc, presque luxueux, et assez inattendu en ce lieu.

Nous-mêmes avons établi un feu, également puissant, mais logé plus modestement, sur la ligne de récifs qui s'étend d'une île à l'autre, laissant seulement entre eux trois passes, assez étroites. On me montre un mausolée, édifié près du phare, et accoté à un petit cimetière clos d'un mur. Là, reposent les restes de 400 des nôtres, péris sur ces récifs, avec la *Sémillante,* un navire de l'État qui, en 1854, transportait des troupes en Crimée. Tous les officiers, ai-je lu quelque part, furent retrouvés en gants blancs, revêtus de leur grand uniforme. Lorsqu'ils s'étaient vus perdus, ils avaient voulu mourir à leur poste en tenue de parade. On a cité, de la part des Japonais, des faits semblables, lors de leur guerre avec la Russie. Et l'on s'est extasié. On peut dire, sans diminuer la valeur ni l'héroïsme des petits Japs, qu'ils n'ont ni le monopole ni la priorité de ces morts « en beauté » pour la patrie. Apprenons à rendre à nos héros, en toutes circonstances, l'hommage qui leur revient.

***

Un jour de navigation; puis, abruptes, escarpées, les Lipari apparaissent dans l'horizon bleuté. Au loin, estompé, vers l'Est, le Stromboli dresse à mille mètres au-dessus des flots son double cône noyé de vapeurs. Nous passons entre les îles, en longeant de près l'une d'elles à toucher la rive. Les fonds sont, en tous ces parages, d'une profondeur énorme, comme si chacune de ces terres était le chapiteau d'une immense colonne surgie des profondeurs de la mer.

Vers le soir, la Sicile montre à l'Ouest la haute silhouette, sombre et floue, de ses monts. A l'Est, la côte italienne, plus basse, se décèle par les reflets lumineux de maintes agglomérations. Au fur et à mesure que nous avançons, la passe semble se fermer en cul-de-sac. De chaque côté, les lumières se multiplient; elles forment une continuité étagée, sur le fond de laquelle se perdent presque les quelques feux de navigation, faibles et bas, par lesquels les Italiens ont remplacé jusqu'ici ceux détruits, me dit-on, pendant la catastrophe. Nous croisons successivement, en pleine obscurité, plusieurs grands navires, bien malaisément perceptibles, dans tout ce scintillement venant de terre. Un virage à angle droit au bout d'une digue mal éclairée et derrière laquelle pêche au feu toute une flottille de barques. Et Messine apparaît, en même temps que nous entrons dans un violent courant, que notre étrave fend avec bruit.

De la passerelle, le commandant m'indique les deux groupes compacts de lumières, séparés par un long espace noir : c'est là qu'était la ville, que sont les ruines. C'est là qu'ont péri cent, peut-être cent cinquante mille êtres. On ne saura jamais. Cela est d'hier. Presque oublié déjà. Et cette longue ligne lumineuse qui, le long du rivage, s'étend vers le Sud, c'est la ville nouvelle réédifiée, déjà, en ce lieu de mort. Au fait, l'oubli de l'adversité n'est-il pas un des plus nobles caractères de l'homme? Et ces nouveaux habitants, venus de toute l'Italie recueillir les concessions instaurées par l'État avec des domaines dont tous les possesseurs étaient disparus, ne sont-ils pas aussi un peu des héros, sans le savoir?

Sur la rive opposée Reggio, alors ravagée elle aussi, brille, dans la nuit.

Rapidement, nous la dépassons.

Et, de nouveau, nous voici au large. Tous, nous avons le cœur un peu serré.

Le surlendemain au petit jour, la trépidation caractéristique de l'hélice battant arrière, le ronflement de la chaîne dévalant par l'écubier, nous réveillent. Nous sommes à Patras, notre première escale. Le port, neuf, constitué par une digue parallèle au quai, d'où partent deux autres môles, en laissant à chaque extrémité le passage nécessaire, est neuf et bien compris. Aucun outillage, par exemple. Les grandes barcasses à proue surélevée qui transportent, du bord, les marchandises à terre, sont remorquées, tant bien que mal, à la rame.

Deux canots automobiles de service vont et viennent. Dans ces parages, où les découpures des côtes, le nombre et l'importance des îles, nécessitent un cabotage important, l'automobilisme appliqué à la navigation devrait avoir reçu déjà de multiples applications. Il en sera sans doute ainsi plus tard. Mais, pour le moment, aucun effort n'est à tenter ici de la part de nos constructeurs : ce pays est manifestement encore trop près de son point de départ économique.

Le mouvement maritime de Patras est important, et de nombreuses lignes du Levant y touchent. C'est de là, en effet, que part le railway d'Athènes; le trajet dure seulement sept heures. Le canal de Corinthe est demeuré peu employé par la navigation. Le Lloyd autrichien, une Compagnie italienne sont restés jusqu'à présent seuls à y recourir pour certains de leurs services. Il est douteux que le trafic par le canal devienne jamais intense, en raison du faible avantage qu'il présente au point de vue du gain de temps.

Détruite en 1828, la ville actuelle est neuve; ses rues, droites, bordées de constructions généralement modestes. De l'occupation vénitienne, maltaise ou turque, subsiste seulement, perché sur une haute éminence, un vieux et grand château fort, très délabré. Rares, quelques hommes, demeurés fidèles au costume à jupe, donnent à la population, qui s'élève à 38 000 âmes, une pointe de cachet; cachet plus particulier encore lorsque quelque bourgeois vêtu en palikare a trouvé plus commode, plus « fashionable » peut-être aussi, de substituer à la minuscule coque à gros gland, un vulgaire canotier. O progrès!

A un détour de rue, la vétuste calèche qui nous véhicule en ferraillant à travers la cité passe devant une bâtisse carrée, dont les fenêtres sont garnies de gros grillages, à travers lesquels, entassés, des hommes causent avec un groupe de gens, demeurés dehors. Parmi ces derniers, une élégante, porteuse d'une mirifique ombrelle rose. Vêtus de drap kaki, buffleteries fauves, coiffés d'une casquette intermédiaire entre le tampon japonais et notre képi, des soldats de garde contemplent placidement ce tableau, que surveille consciencieusement une sentinelle perchée sur un léger mirador : c'est la prison. Les choses semblent s'y passer très en famille. Et, bien que nous soyons en Grèce, ce petit tableau comporte une saveur déjà très orientale.

*
* *

Dans la journée, nous partons. Le golfe déroule la splendeur d'une beauté sévère, avec son cadre de hautes montagnes, dominées par les 2 000 mètres du Panachaïkon. L'une d'elles s'est écroulée en partie dans la mer, et sa brèche impressionnante atteste les convulsions passées de ce sol.

Nous laissons, au Nord, Célafonie, que souligne le mont Aïnos, surplombant de 1 600 mètres les flots bleus et calmes de la mer. Nous passons entre Zante, fertile, et le cap Trepito, que surmonte une jadis puissante forteresse vénitienne. Nous traversons, cap au Sud, le golfe d'Arcadie, en longeant, très visible, gris, tourmenté, ponctué de monts élevés et lointains, l'antique et si mélancolique Péloponèse.

Au jour tombant, le commandant me fait remarquer une longue colline élevée adossée à une chaîne grise. Entre elles s'étend une rade étendue et profonde, dont l'étroit goulet se perçoit à peine dès qu'on a dépassé l'extrémité Sud de la colline. C'est la rade de Pylos, Navarin, où en 1827 la flotte anglo-franco-russe détruisit la flotte turcoégyptienne. Si bien que ces lieux virent... les adversaires de Trafalgar combattre, alliés, avec le concours de la flotte moscovite, ces mêmes Turcs, réunis auxquels ils devaient, quelques années plus tard, faire la guerre aux Russes.

C'est bien là, si je ne me trompe, ce que les historiens appellent des « tournants ». L'histoire en est faite, et, à y méditer, déconcerte un peu.

Un feu puissant, érigé sur l'îlot de Sapienza, marque le cap Gallo, la pointe Sud-Ouest du Péloponèse. Nous doublons et faisons route au Sud-Est pour gagner le cap Matapan, puis passer de nuit entre le cap Maleas et Cythère, par le canal de Cervi.

Donc, nous n'apercevrons pas Cythère et dormirons consciencieusement pendant notre passage dans les eaux de l'Ile de Volupté. Au fait, si elle ressemble aux terres nues, abruptes, dénudées et de teinte neutre que nous voyons depuis Patras, la vue de ce lieu, aimablement célèbre, pourrait bien n'avoir été pour nous qu'une désillusion, mêlée d'un peu d'ironie à l'endroit des écrivains galants qui, depuis des siècles, évoquent tendrement son nom. Et je me demande, à ce propos, comme à bien d'autres, si les Anciens ne nous auraient pas abominablement « monté le coup » avec toutes les histoires à dormir debout dont on bourra jadis impitoyablement nos cerveaux de jeunes potaches; serait-ce donc d'un mot grec, « bluffos », que les Yankees d'aujourd'hui auraient tiré « bluff »?

Au fait, n'abordons ce sujet qu'avec circonspection : en ce moment, la défense de l'enseignement classique, c'est presque de la politique... N'empêche que, l'autre jour, à Patras, tandis que j'enrageais de ne pouvoir me faire comprendre, ni pour aller au Consulat, ni pour acheter quoi que ce soit, je gémissais aussi sur mes dix belles années perdues à potasser péniblement le grec ancien, alors que quelques mots de grec moderne, appris en un tour de main, en attendant la vulgarisation de l'espéranto, eussent si bien fait mon affaire... Ceci est presque un apologue...

*
* *

Une jolie brise, trop jolie, trouvent quelques passagers, avec de la mer; crêtes blanches, fond cobalt, sous un soleil radieux; de temps à autre, un îlot élevé, de ce gris-jaune qui semble l'uniforme livrée de toutes ces terres : nous voici dans l'Archipel.

Ce jour-là, nous arrivons à Syra, vers la fin de l'après-midi. Un gracieux port naturel, fermé à l'Est par une bonne digue de 400 mètres. La passe d'accès par le Sud, située entre la grande île et un îlot surmonté d'un phare, est étroite et resserrée encore par des récifs, bien visibles à leurs forts brisants, bien qu'il y ait de la lame. Tous ces parages, si difficiles, en raison du nombre de terres qui les parsèment, sont d'ailleurs remarquablement éclairés.

Syra demeure un point d'intense activité maritime et commerciale. C'est, en réalité, le centre de condensation du trafic, dans cette partie de l'Archipel, en même temps que le principal port de charbonnage, malgré la concurrence de la Société française d'Héraclée, dont les mines de Zoungouldak, dans la Mer Noire, ont conquis depuis quelques années une place considérable sur le marché. Le charbon vendu à Syra vient d'Angleterre. D'après un récent rapport de notre vice-consul ici, le commerce général annuel de cette place est d'une quinzaine de millions. L'émeri de Naxos, toute proche, s'exporte de Syra.

Il existe à Syra un vaste chantier de construction pour navires à voiles et barques. Autrefois très florissant, il a perdu beaucoup de son importance par suite de l'extension de la marine à vapeur. En 1909, il est sorti des chantiers quelques navires d'un assez fort tonnage et un certain nombre de barques.

Un important établissement, connu sous le nom de Forges et Chantiers de Syra, est spécial à la réparation et au nettoiement des navires jusqu'à ceux d'un déplacement de 3 000 tonnes.

Au cours du dernier exercice il a été halé sur les cales 45 vapeurs, pour y être nettoyés, repeints, et 4 autres y ont subi des réparations de diverses importances.

Syra reçoit actuellement en moyenne, par an, 2 850 bâtiments représentant 1 100 000 tonnes : trois lignes anglaises, le Lloyd austro-hongrois, nos Messageries Maritimes, la Deutsche Levante Linie allemande et plusieurs services grecs y touchent régulièrement; 70 steamers et 310 voiliers supérieurs à 30 tonneaux ont Syra comme port d'attache.

*
* *

Le pays est, paraît-il, fertile. Ce « paraît-il » s'explique par l'aspect extérieur de l'île, dont les hauts mamelons arrondis, vus du large, privés de tout arbre, comme le reste de l'Archipel vu jusqu'ici, représentent tout autre chose que la fertilité.

Au moment de notre arrivée, plusieurs grands vapeurs, nombre de barques et quelques voiliers sont mouillés dans le port. A noter seulement, comme type intéressant, parmi ceux-ci, une sorte de dundee, élégant de forme, l'arrière pointu et relevé comme l'avant; ce dernier, pourvu d'un bout-dehors démesuré, assurément plus long que les mâts ne sont hauts. Ce sont ces bateaux qui, de Naxos, située à quelques dizaines de milles au Sud-Ouest de Syra, y apportent l'émeri. Près d'un grand ex-yacht, transformé en paquebot pour le service d'une des îles voisines, sans doute Tinos, où des religieuses françaises possèdent un bel établissement, un autre yacht, d'une centaine de tonneaux, l'*Aedon;* et, comme je m'étonne un peu de trouver attachée à Syra cette jolie unité : « c'est, m'explique-t-on, non pas à la navigation de plaisance qu'elle est destinée, mais à un service de surveillance de la contrebande dans l'Archipel ». Et je constate une fois de plus combien, à tous égards, cette utilisation des yachts à certains services publics, maintes fois notée à l'étranger, est pratique et économique. Elle a, en outre, l'avantage d'offrir un considérable débouché à ce type de navires et de favoriser singulièrement leur construction dans les pays possédant des chantiers spécialisés dans le yachting, alors que le marché en est si éteint chez nous, où nous sommes bien loin de cette conception... et de bien d'autres aussi, malheureusement. Je n'en veux pour preuve que l'incompétence obtuse et malfaisante avec laquelle on s'est entêté, malgré des avis éclairés et énergiquement formulés, à appliquer à notre navigation de plaisance une réglementation inepte : puisque, acceptée par les intéressés, elle aura — elle a déjà — pour résultat de nuire au yachting français en diminuant le nombre et le tonnage des grands yachts; et, refusée, celui de faire passer un certain nombre d'unités sous pavillon étranger. Résultat prévu, annoncé, et acquis maintenant, pour le plus grand préjudice, non pas des propriétaires, mais de nos chantiers, de notre commerce, et de nos équipages. Au surplus, y a-t-il donc à tant s'étonner de cela? Et n'est-ce pas la conséquence naturelle, ici comme en tout, de l'application des incompétences aux domaines spéciaux?

Non loin de l'*Aedon* est un vapeur danois, court, trapu, bien tenu, l'*Hermès*; un des navires de sauvetage appartenant à ces entreprises scandinaves qui se sont adonnées à ce genre d'opérations, et entretiennent dans ce but des steamers du genre de l'*Hermès*, un peu sur toutes les mers du monde.

*
* *

On nous avait dit : « Si vous voulez voir Syra dans son beau, contemplez-le de la rade, et n'allez pas à terre. » Observation que l'on pourrait, au reste, appliquer à plus d'un point du globe. Pour être équitable, je dois déclarer que cela n'est pas tout à fait juste, en ce qui concerne Syra. Lorsque, débouchant de la pointe Sud-Est de l'île, l'antique Hermopolis, patrie du vieil Eumée, le serviteur d'Ulysse, apparaît étagée sur les deux collines coniques qui forment son assise et dont chaque sommet, avec ses maisons multicolores, s'adorne d'une majestueuse église grecque, en un ensemble plaqué sur un fond de montagnes, l'impression est infiniment agréable.

A terre, « l'agrément » s'atténue, assurément : des ruelles étroites, escaladant en pente raide les deux éminences urbaines;

une Place du Gouvernement pourvue d'un kiosque à musique et d'un Hôtel de ville banal et prétentieux, d'un petit square au centre duquel s'élève la statue de Miaoulis, héros de l'Indépendance; un assez grand hôtel d'aspect correct; nombre de cafés convenables ou modestes, où se presse une foule de clients, assis devant un verre d'eau, et plus souvent devant... rien du tout; certains d'entre eux, à l'allure de bons bourgeois de notre Midi, fument le narguileh, tout en roulant dans leurs doigts un chapelet comme le font les Orientaux; un théâtre, frère de ceux de nos plus banales sous-préfectures, mais auquel le nom d'Apollon, inscrit en gros caractères grecs au fronton donne, sous ce ciel classique, une certaine majesté; quelques belles demeures privées, de style plutôt italien; dans les rues, une foule sans cachet, peu de femmes, pas de costumes; à peine quelques culottes bouffantes pour rappeler la proximité de l'Orient. Par exemple, partout, et fait rare en ces pays, une propreté méticuleuse : pas une ordure ni même de poussière. Je conseille sous ce rapport la visite de cette ville à nos édiles, experts en l'art d'enduire de gadoues nos chaussées.

Aucun caractère militaire. Pas de station navale, ni de forts apparents, ni de troupes. Seuls vont et viennent quelques gendarmes, en pantalon kaki, veste et képi bleu sombre, de la coupe de nos tenues, notre ancienne baïonnette Gras au côté; la poitrine barrée d'aiguillettes, les cartouchières au ceinturon; l'armée grecque est, d'ailleurs, soit dit incidemment, instruite par une mission militaire française.

Nous étions partis du *Sidon* avec la ferme intention de goûter à terre de la cuisine locale. « A pied d'œuvre », notre confiance nous a abandonnés, d'autant mieux que, en un tour de main, Syra, qui est un de ces pays qu'on est charmé d'avoir vu et enchanté de quitter, était visité. Et bien nous en prenait de notre prudence, car, à bord, nous attendait une de ces bouillabaisses, œuvre d'art culinaire, bien propre à faire momentanément oublier leurs maux aux pauvres humains que nous sommes.

Le dernier colis est débarqué, et avec lui les bons douaniers hellènes, vêtus en simples citoyens, que distingue seule une casquette d'aiguilleur. Nous appareillons à la nuit. Éclairée à l'électricité, la ville s'est illuminée de feux, que d'autres accentuent, allumés en l'honneur d'une fête quelconque. Le ciel est pur et la lune brille d'un éclat féerique : un de ces admirables spectacles que connaissent seuls les voyageurs, objets, cependant, de la compassion des sédentaires.

Derrière nous appareille un gros cargo grec. Les Grecs ont une importante flotte commerciale, on le sait. Cela est naturel, puisque la Grèce Continentale est demeurée jusqu'ici, au point de vue économique, une île, dont les relations avec l'extérieur sont exclusivement maritimes, et le reste du territoire hellène, une constellation d'îles. Mais la marine grecque prend aussi une part active au trafic international. Elle est d'autant mieux placée pour y participer qu'elle bénéficie de prix de revient exceptionnellement bas. L'armement grec achète bon marché des navires usagés, dont les états-majors sont peu payés, et les équipages, privés de vin, nourris d'olives et de poisson ou de viande fumés, le sont moins encore, puisque le salaire mensuel des hommes ne dépasse pas 30 drachmes. Rien à dire à cela, au demeurant : c'est affaire entre l'armement hellénique et ses salariés. Ce en quoi la chose nous regarde, c'est que ce même armement étranger vient dans nos ports concurrencer le nôtre, écrasé des charges que l'on sait; il y bénéficie des mêmes avantages que notre pavillon, et y rafle notre fret dans des conditions nettement défavorables pour nous. Il y a là une situation qui devra, à un moment donné, le plus tôt possible, appeler l'attention des Pouvoirs publics, dont le rôle n'est pas précisément de n'intervenir exclusivement dans nos affaires maritimes que pour mettre notre marine de commerce en posture désavantageuse vis-à-vis de ses redoutables concurrentes étrangères; elles, en voie de progression constante, parce qu'obstinément, judicieusement, pratiquement protégées par leurs gouvernements respectifs.

C'est par un temps chaud, redevenu calme, que nous remontons vers Salonique. A bâbord, à tribord, les terres succèdent aux terres, identiques, en un chapelet ininterrompu. Navigation très spéciale, et qui ne ressemble à aucune autre que j'aie vue jusqu'ici. Parfois, nous passons assez près pour distinguer à la lorgnette les moindres détails. Au fur et à mesure que nous avançons vers le Nord, le sol paraît moins aride. Les habitations et les cultures, les plantations d'oliviers se multiplient. Mais, nulle part, effet de la nature ou d'une déforestation passée, n'apparaît aucune végétation arborescente. Sans doute est-ce à cette cause qu'il faut attribuer le caractère, mélancolique jusqu'à la tristesse, de ces pays.

Nous approchons de Salonique. A bâbord, voici, deviné, non vu, l'emplacement des Thermopyles; puis, Pélion, Ossa, dont la crête, haute de 2000 mètres, s'enveloppe de nuages. Au loin, sur tribord, les Cyclades. La baie, vaste encore comme une mer, se resserre peu à peu entre ; au Nord, la presqu'île de Pallène, semblable de loin à toutes ces îles vues depuis Patras; et la terre ferme, au Sud.

Une montagne plus haute, dépassant la chaîne de ses 2900 mètres : c'est l'Olympe, mont sacré de l'antiquité, aussi célèbre que ces autres monts, de mémoire sacrée, eux aussi : le minuscule Golgotha de la Judée ou l'impressionnant Fuji-Yama du Japon. Le sommet de l'Olympe demeure couvert de neiges presque éternelles. Ce à quoi n'ont évidemment songé les peintres qui nous représentent Jupiter court-vêtu de sa barbe et d'une ample étoffe partant des reins, ou nous montrent les déesses ceintes de légères étoffes en « liberty » de l'époque. L'Olympe n'est plus qu'une vulgaire et banale montagne, comme on en voit dans le monde entier. Et peut-être les Grecs antiques y logèrent-ils seulement leur paradis parce que, l'alpinisme n'étant pas pratiqué de leur temps, aucun d'eux n'entreprit l'ascension du divin séjour? Fragilité des traditions, quand on voit de près leur théâtre!...

Depuis longtemps, nous glissons sur les eaux tranquilles d'une baie profonde. Au

Sud, les montagnes se perdent peu à peu, laissant entre elles et la mer de vastes plaines assez boisées et d'aspect fertile. Au Nord, c'est une terre basse, jaune; elle sépare, en une bande étroite, le golfe de Salonique de celui de Cassandre, plus vaste, plus profond, mais trop ouvert. Au fond de la baie, nous tournons à angle droit, au pied d'une falaise surmontée d'une caserne neuve; et après avoir évité un long banc, non balisé, mais que repéra la quille de maint navire, nous découvrons Salonique, encore imprécise dans ses détails, bien nette dans son aspect général. La ville ancienne grimpe en pointe sur la colline, vers un antique château qui la domine, et duquel partent en s'écartant deux hauts murs fort délabrés, rappelant assez singulièrement la muraille de Chine à Chan-Haï-Kwan. Les minarets blancs jettent sur le décor leur note claire. Le long du rivage, la ville neuve s'étend au loin, en une mince bande ponctuée de végétation, de villas, de rares usines, se détachant sur le fond aride des collines voisines. Tout au bout de la ville, tapie dans des arbres dont émergent seuls son toit rouge et quelques kiosques, se montre une construction banale : c'est là qu'est reclus Abdul-Hamid. Une grosse tour antique, peinte en blanc, est érigée à la pointe Nord de l'ancienne ville et sert de repère.

Nous rangeons, mouillé en dehors du port, un aviso turc, assez moderne, peint en gris, et qui met bien longtemps à nous rendre notre salut, les hommes étant fort occupés à nous regarder passer; nous voici dans le port, peu vaste, neuf, parfaitement conçu, construit par une Compagnie française, d'ailleurs, mais que barre en son milieu l'épave d'un grand vapeur, coulé là, à la suite d'un incendie, voici plus d'un an. Lenteurs administratives, — si c'est cela, soyons indulgents à autrui, — indolence orientale, difficultés judiciaires?

A notre arrivée, pas de pilote. Heureusement que notre commandant connaît les aîtres. Comment s'en tirerait un nouveau venu? Monsieur pilote est là, pourtant, mais il a trouvé plus simple de demeurer dans sa barque, d'où il se contente de désigner nonchalamment d'un geste le point de mouillage. L'ancre tombe : Monsieur pilote a gagné sa vacation. Que disent de cette « bonne place » nos braves pilotes havrais, qui, eux, vont parfois chercher, par tous les temps, les bateaux jusqu'aux îles Scilly; ou ceux de la basse Gironde, que le paquebot emmène — cela se voit encore assez souvent — jusqu'à Dakar, quand la mer ne permet pas de les débarquer dans le Golfe?

A peine à notre poste, on prévient que... ce n'est pas là, et qu'il faudra, le lendemain matin à quatre heures, nous poster au quai opposé. Petit problème : mesurer la rogne de l'équipage, d'après la longueur du nez du commandant.

A SALONIQUE

A Salonique nous attendait le plus charmant accueil de la part d'une personnalité auprès de laquelle nous « introduit », comme disent les Anglais, une opportune recommandation.

Milieu très intéressant et fort inconnu en France, que celui de ces familles, soit d'origine française, soit francisées, dont les enfants ne sont, parfois, jamais venus en France et qui se tiennent au courant de notre mouvement politique, intellectuel, littéraire, d'une façon aussi active, aussi suivie que l'élite des Français de France.

Il y a, dit-on, à Salonique, 80 000 Israélites sur 110 ou 120 000 habitants. Le noyau de cette agglomération sémite remonte à l'époque des persécutions religieuses en

Espagne, époque où des émigrés juifs, venus de là, fondèrent une colonie dont l'empreinte se manifeste par cette particularité assez spéciale que la majorité des gens du peuple emploie ici un dialecte espagnol. A l'encontre de la Grèce ou de l'Archipel, tout le monde ou à peu près, par contre, parle français. Et c'est dans la langue de nos pères que des agents de police, corrects, bottés, ceinturés de fauve et coiffés de la toque d'astrakan gris, — de l'astrakan très faux naturellement, — maintenant généralisée dans l'armée turque, m'interrogent sur mon passeport, demeuré obligatoire en ce point, berceau de la « Liberté » ottomane, alors que la formalité est en principe supprimée dans tout l'Empire. Cette diffusion du français dans l'Orient est l'œuvre, à laquelle un juste hommage doit être rendu, de l'Alliance française et des Missions.

Nous passons sous des arcs de triomphe pour pénétrer en ville. Ces décorations ne sont pas en notre honneur, m'empressé-je d'ajouter. Elles ont été édifiées à propos de la récente visite du Sultan dans sa bonne ville de Salonique et dans les environs de ses moins bonnes provinces révoltées de l'Est. On me raconte, à ce propos, ce fait : l'escadre ottomane accompagnait à Salonique le souverain, auquel on avait proposé de s'embarquer sur le vieux cuirassé *Messoudieh*. Le Commandeur des Croyants refusa net et exigea un cuirassé, encore neuf, acheté récemment en Allemagne. Le *Messoudieh* fut affecté aux princes ; en bon courtisan soucieux de justifier les appréciations du Maître, il resta en plan, au retour, et dut être remorqué jusqu'à Constantinople.

Nous sommes un samedi. Nos aimables cicerones ont eu toutes les peines à nous procurer deux guimbardes. Les magasins sont fermés, et la ville chôme en l'honneur de Jehovah. Le vendredi, par compensation, c'est pour honorer Allah, et, le dimanche, pour obéir à la loi de Notre-Seigneur, que le chômage est organisé. Les croyances divergentes rendent la vie assez compliquée, en ces pays dont les races forment, c'est le cas de le dire, une telle Macédoine.

Au trot d'une paire de petits chevaux nerveux, nous allons, par l'interminable voie qui conduit à la villa qu'occupe le sultan déchu. D'assez belles demeures, édifiées entre cette avenue et la mer, bordent la chaussée. Au coin d'une ruelle étroite, entre deux petits murs, un écriteau muni d'une main, l'index tendu dans un geste utilitaire bien connu, indique une direction. Mais, là, pas celle que vous pourriez croire, et c'est : « Consulat de France » que cela signifie. L'abord est assez peu engageant. J'envoie ma carte par un tiers. Ici donc encore, remarque souvent faite en maints points du globe, la Maison de France brille vraiment par trop de modestie, d'autant plus que les Consulats étrangers de Salonique sont généralement bien : certains presque luxueux.

Nous dépassons la grande tour blanche qu'en arrivant par mer nous avions vue du large. C'est une énorme bâtisse à créneaux, percée de petites ouvertures grillagées. Un mur circulaire d'enceinte, crénelé, lui aussi, a été abattu en partie pour livrer passage au long boulevard desservi par un tram électrique, affaire française. Un petit café s'est installé en face.

Telle quelle, la vieille tour apparaît encore sinistre, quand on songe au nombre de malheureux qui, sous le Sultan Rouge, franchirent, pour ne jamais reparaître, la petite porte basse que voilà. « La tour a des dessous très profonds », me dit un Jeune-Turc de nos compagnons. Et, m'a-t-on raconté, des pêcheurs d'éponges ayant voulu, un jour, plonger au pied du monument, remontèrent épouvantés : le fond était jonché de squelettes!...

Voici la « Villa ». Un poste de soldats campés. Un haut mur. La grande porte sur la route a été elle-même murée. Seule, une petite entrée, gardée, a été réservée. Tout autour, de vingt en vingt mètres, des guérites extérieures, face au mur, abritent des sentinelles d'armes différentes, fantassins en kaki, beaux gardes rouméliotes en bleu, haut bottés. Derrière cette enceinte, le Sultan Rouge finit paisiblement ses jours. Parfois devant ses yeux a dû passer l'image de Louis XVI, qui était un brave homme...

Nous ne poussons pas plus avant notre excursion. Les promenades loin des grands centres risquent trop, en ces pays, de revenir fort cher. Un Allemand, capturé par des bandits près du Mont Olympe, et pour la grosse rançon duquel on négocie depuis des semaines, occupe, au moment de notre passage, ses loisirs chez ses ravisseurs à méditer cette vérité. La bande qui a enlevé le malheureux exige un million de rançon et menace d'envoyer à Salonique la tête des captifs, si les pourparlers durent trop. Charmant pays...

* * *

Nous visitons une Sainte-Sophie, mosquée ornée de belles mosaïques. Ce fut une église, grecque sans doute. Sous le dôme, une immense Vierge se dessine. Mais, vers la Mecque, un Christ est caché derrière un paravent suspendu à la voûte.

Des souks, couverts, sans caractère.

Des boutiques juives ; la plupart sont fermées. Après avoir longé tout un quartier récemment brûlé, — l'incendie fleurit en Orient, — nous débouchons sur une place oblongue, bordée d'un hôtel se réclamant de notre Touring-Club ; de spacieux cafés, où des civils coiffés de fez, des officiers de tenue soignée, la garde de leur petit sabre disgracieusement passée sous la tunique, à l'allemande, feignent de consommer; des plaques, écrites en turc et en français, portent : Place de la Liberté. C'est là que fut proclamée la Constitution. Ce lieu sans caractère est désormais historique.

Passé une heure dans un beau club, donnant sur la mer, près de l'hôtel des Messageries Maritimes. Des journaux nous apprennent l'affaire d'Agadir. Et nous ne pouvons nous retenir de « tiquer »[1] sur quelques Allemands présents, auxquels notre imagination, sans doute, prête une attitude goguenarde. Il faut avoir été soi-même à l'étranger pour comprendre à quel point le sens de sa propre nationalité s'y avive chez les plus froids.

Mais déjà l'heure du retour à bord est arrivée. Nous longeons un paquebot ottoman, le *Kaisseri*. Et comme je m'étonne de sa belle tenue : « Il est neuf, m'explique-t-on. Mais le sens de l'entretien manque aux Turcs. Dans un an ou deux, ce paquebot sera délabré, comme le reste ici. C'est la raison pour laquelle les Ottomans n'auront jamais de routes, car le maintien en état de celles-ci a plus d'importance que leur construction première. »

Quand nous arrivons à bord, un gros transport turc, chargé de troupes pour l'Albanie et dont le nom rappelle la date de la révolution, est venu se mettre à quai, sa guibre engagée dans la nôtre, perpendiculairement. Impossible de le faire démarrer : ses feux sont bas, et tous les officiers du bord, absents. Nous nous résignons à attendre. D'ailleurs, le spectacle est pittoresque : notre pont est encombré de ces émigrants dont le flot incessant vide ces pays, comme, d'ailleurs, l'émigration vide également la Grèce et l'Archipel, au point que, jadis greniers de l'Orient, le blé qui leur est nécessaire vient maintenant du dehors. Notre navire emporte aussi un important contingent de soldats turcs, congédiés, que nous rapatrions jusqu'à Constantinople.

Pendant l'appareillage, nous sommes amusés par des allées et venues, sur le quai, des soldats, tout de kaki vêtus.

Un homme est en retard. L'officier qui commande le détachement va à lui, et devant les autres, impassibles, le frappe. L'homme encaisse, sans sourciller.

L'armée turque a adopté les méthodes et l'instruction allemandes.

Ce « geste » de l'officier est donc un symbole. Grand bien fasse aux Turcs...

La nuit est venue. Malgré la difficulté, il nous faut pourtant bien, coûte que coûte, démarrer et nous décoller du quai; la manœuvre est des plus pénibles. Pas le moindre remorqueur dans ce port tout moderne et fort important, puisqu'il compte, annuellement, entrées et sorties réunies, 2272 navires représentant 1700000 tonneaux. Enfin, après de longs efforts, grâce à l'envoi d'amarres à l'autre bout du port, nous appareillons, tard dans la soirée. Nous frôlons notre gêneur le gros transport, évitons l'épave, et prenons le large, laissant à l'arrière Salonique, éclairée, comme en fête.

Quels drames se passent derrière le rideau de ce décor?

Le commandant me fait prévenir au petit jour. Nous passons devant le Mont Athos, célèbre par son millier de couvents orthodoxes.

Certains de ces monastères, les uns riches, les autres misérables, tous peuplés de Russes et de Grecs, communiquent seulement avec le monde, du haut de leur escarpement, par une corde et une poulie! Cette singulière population monastique occupe toute la presqu'île du Monte-Santo. De loin, le mont paraît singulièrement aride. A la lorgnette, on distingue un couvent, établi au faîte, à 2000 mètres.

Tout être féminin, femme ou femelle d'animal, est banni du « Pays des couvents ». « Mais, comment faites-vous pour les œufs? » demanda un jour quelqu'un à un dignitaire. J'ignore quelle fut la réponse.

Seul, un bateau russe dessert hebdomadairement la presqu'île. Et ceci est assez bien fait pour confirmer la supposition de l'intérêt non exclusivement religieux que nos « amis et alliés » prêtent aux milliers de moines du Monte-Santo.

Encore des terres, des îles, des îlots pareils, escarpés, dénudés, jaunes, à peine ponctués de quelques bouquets noirâtres, d'arbustes rabougris. Pays mélancoliques. Mélancoliques comme la foule bigarrée que nous avons embarquée à Salonique, comme ces soldats, tous des hommes faits, robustes gaillards à mines énergiques; quelques-uns grisonnent; tout de kaki ils sont vêtus, jusqu'à l'écarlate tarbouch traditionnel, devenu kaki lui aussi. Après un repas fait de pain, d'oignon cru, d'un peu d'eau, ces hommes restent au soleil brûlant, roulés, silencieux, dans leurs grosses capotes grises.

Heureusement que nos zouaves et nos turcos sont là pour représenter encore sur la terre les costumes militaires et la gaieté de l'Orient!...

On me montre, très au loin, l'île de Samothrace. Puis, à l'Est, la montagne au pied de laquelle fut Troie; voici l'embouchurê du Méandre, une humble petite rivière au nom célèbre. Entre deux pointes de faible hauteur, où de grosses pièces modernes, derrière des épaulements, ont remplacé d'anciennes forteresses, maintenant ruinées, nous pénétrons dans les Dardanelles, du nom de la petite ville située sur la rive asiatique, et où nous devons stopper quelques instants pour certaines formalités. Près de trois grands voiliers mouillés à l'entrée du détroit, passe un yacht de fort tonnage, transformé en navire de surveillance. L'administration ottomane a donc, elle aussi, adopté cet excellent système de la substitution des anciens yachts aux coûteux avisos. Ceci me sera confirmé un peu plus loin par la vue de deux autres yachts, de moindre importance, devenus ici des navires de service.

Nous voici aux Dardanelles, une faible agglomération, où stationnent deux de ces navires de sauvetage, un allemand et un anglais, du type déjà vu à Syra. Il est permis de se demander pour quelle raison notre armement est demeuré étranger à cette branche d'exploitation, qui a passé, jusqu'ici, pour fructueuse. Plusieurs vapeurs stoppent en même temps que nous. Je remarque, parmi les diverses nationalités qu'ils représentent, un petit steamer de cabotage, battant pavillon américain. Et, comme j'exprime ma surprise de voir la « bannière étoilée » couvrir ce modeste sabot, bien empêché de franchir l'Atlantique, le commandant m'explique que c'est là un des effets du sévère boycottage dont est frappé en Turquie tout ce qui est grec, depuis plus d'un an, époque où les affaires de Crète prirent la tournure aigüe que l'on sait. Le coup a été dur pour les Grecs, surtout pour leur marine. Les ruines ont été nombreuses. Certains armateurs cependant ont essayé de parer le coup en mettant leurs bateaux sous pavillon étranger. Ce steamer est un de ceux-là.

Fait caractéristique : en dépit des sympathies dont nous jouissons en Grèce, notre pavillon a été écarté du choix de l'armement hellénique en raison de notre législation. En effet, celle-ci, seule entre toutes, non seulement ne se prête pas à ces substitutions de pavillon, profitables, en fin de compte, puisqu'elles constituent un peu de cette « publicité nationale » dont nos rivaux savent si bien jouer, mais aussi parce que les étrangers, très au courant de nos affaires, quoi qu'en puissent penser nos législateurs d'arrondissement, — fort ignorants, eux, pour la plupart, des choses du dehors, — savent se rendre compte parfaitement que le statut imposé à notre Marine Marchande par l'accumulation des réglementations onéreuses aggravées de l'Inscription, la met en état d'infériorité devant la concurrence. Et comme, au dehors, la théorie en matière maritime consiste à penser que l'objectif doit être, d'abord, d'avoir une flotte en progression et naviguant intensivement, on y élimine sans faire de sentiment tout ce qui peut entraver l'action commerciale.

*
* *

Douze heures de navigation pour traverser la mer de Marmara, si petite sur les cartes. Sous la brume légère d'un admirable lever du soleil, Constantinople nous apparaît dans la splendeur de son site, trop souvent célébré pour que j'en risque la description en ces notes rapides. Nous longeons, comme à Salonique, une épave de vapeur, laissée là depuis des mois, en plein chenal.

Le « boukra » — « à demain » — des Arabes est une formule en vigueur dans tout l'Orient. Nous rangeons l'escadre ottomane : deux cuirassés, déjà marqués; un croiseur d'aspect moderne; sept torpilleurs. Près de nous passe, remorqué, un antique vapeur, conduit de l'autre côté de la baie, au dépeçage. C'est la vingt-cinquième des vieilles coques religieusement conservées, sinon entretenues, par l'Ancien

Régime, et soldées par le Nouveau. Elles sont en partie remplacées par des unités, militaires et de transport, achetées pour la plupart en Allemagne, comme l'armement militaire, comme le nouveau pont de Galata, que l'on monte en ce moment dans le fond de la Corne d'Or.

Et je constate ici une fois de plus notre effacement relatif, fâcheux pour la valeur pratique de nos procédés économiques, et sans doute aussi pour la façon dont ils sont servis par notre politique extérieure dans un pays, très particulariste, assurément, en dépit de la multiplicité de ses éléments, mais où dominent nettement les effets de notre influence ancienne : car, à Constantinople comme à Salonique, le français est la langue secondaire ; on l'y parle partout ; les inscriptions sont doubles : en turc et en français. Tirons-nous pourtant de cette situation morale privilégiée le parti qui devrait nous échoir? Poser la question, c'est la résoudre par ces quelques brèves données que j'extrais du travail récemment publié par M. J. Claine, consul de France en Russie :

« Il n'y a qu'un moyen de se créer de « nouveaux débouchés : c'est de venir soi- « même, ou d'envoyer des voyageurs. C'est « à cette méthode et à *l'élasticité de leurs* « *procédés* que les Allemands doivent leurs « succès commerciaux. Le jour où nous « ferons comme eux, nous ferons plus d'af- « faires qu'eux, car nos produits sont meil- « leurs. Quand nous le voudrons et que les « chefs de maisons françaises consentiront « à se déplacer eux-mêmes, ce jour-là nous « ferons aussi de l'argent » à l'étranger et, « si nous ne regagnons pas entièrement le « terrain perdu, — car ne pas avancer c'est « reculer, — nous pourrons néanmoins en « reconquérir la majeure partie. »

Et M. Claine ajoutait, en des termes auxquels leur caractère de petit plaidoyer *pro domo* n'enlève rien de leur portée générale, ces lignes dignes d'être retenues et méditées de tous :

« Alors peut-être rendra-t-on un peu plus « de justice aux consuls. Quoi qu'on en « dise, les consuls sont toujours prêts à « donner à nos hommes d'affaires toutes « les indications utiles dont ceux-ci peuvent « avoir besoin et à seconder leurs efforts « dans la mesure de leurs moyens. Mal« heureusement, on les considère trop sou« vent comme négligeables. En principe, « peu d'hommes d'affaires ou chefs de mai« sons lisent nos rapports commerciaux et « viennent se mettre en contact avec nous « lorsqu'ils voyagent dans nos circonscrip« tions ; cependant, que de fausses démar« ches pourrions-nous leur éviter, et de « combien de renseignements utiles pour« rions-nous compenser le temps qu'ils « croiraient perdre en venant se renseigner « dans les consulats. »

Ce n'est certes pas moi qui, en dépit de quelques critiques antérieurement formulées, contredirai à ces lignes.

*
* *

Nous avons été virer à l'entrée du Bosphore, devant le palais de Dolma-Batché. Nous passons près des ruines d'une immense et somptueuse demeure : le palais où le sultan Mourad V, frère d'Abdul-Aziz, qui l'y fit enfermer comme fou, passa sa vie et mourut mystérieusement. C'est ici que furent transportés, pour y être classés et vérifiés, à l'avènement du Nouveau Régime, des monceaux de papiers d'État, anéantis avec l'incendie; sans doute, fut-ce là, pour quelques acteurs du drame qui vient de secouer la Turquie, un feu de joie plutôt qu'un sinistre.

Nous dépassons, mouillé, le yacht impérial *Erthogroal,* dont l'ancre doit bien rarement quitter le fond, puisqu'il ne servit même pas, ai-je dit, à transporter le sultan actuel, lors de son récent voyage à Salonique; près de lui, un autre yacht, plus petit, à aubes; puis un vieil aviso vétuste. Nous nous engageons dans la Corne d'Or, parmi la foule des navires : paquebots, grands transatlantiques, âgés, récemment acquis pour le transport des troupes, — ceux-là ne devront pas chômer, au train dont vont les affaires ottomanes, en ce moment, — cargos, mahonnes, voiliers de lignes archaïques. Les vapeurs du Bosphore, — les derniers, construits dans nos chantiers, — passent rapides, remarquables d'adresse, dans la cohue des bateaux, sans souci des vedettes, des barques et des caïques dont l'essaim sillonne sans cesse la rade en se faufilant avec sûreté. Parmi les gens du pays, le costume oriental domine toujours et apporte son pittoresque. La splendeur et le caractère du cadre sont incomparables.

Cette arrivée par mer à Constantinople est bien une des plus belles choses qui se puissent contempler, même, et peut-être surtout, quand on en a vu beaucoup d'autres.

A CONSTANTINOPLE

Le temps de prendre un guide, israélite ottoman parlant un français correct, appris dans nos écoles d'Orient, et nous voilà, sans avoir eu, cette fois, à exhiber notre passeport, partis dans une présentable victoria, de par les villes de Galata, Stamboul et Péra, qui forment Constantinople. Pénétrés de nos meilleurs et plus récents auteurs, qui se sont faits les chantres de ce coin de l'Orient : Pierre Loti, Claude Farrère et... Bædeker, nous faisons le tour classique. Nous écoutons, les yeux sans doute ahuris comme ceux des Anglais que l'on voit dans les motocars « Seing Paris », les explications abracadabrantes du guide, en réponse auxquelles nous marmonnons de temps en temps : « Très intéressant! » pour exciter sa faconde. Dans Sainte-Sophie, nous croisons trois popes russes, visiteurs aussi, mais qui, à l'encontre de nous, qui sommes chaussés de sandales louées à la porte, se promènent, leurs grandes bottes sous le bras, et, nus, des pieds demandant à être cachés. La présence de ces popes en cette mosquée qui fut une cathédrale byzantine a quelque saveur.

L'Ancien Régime s'inquiétait surtout des intrigues divisant les 50000 clients du Palais, et des recettes réservées à la Cassette impériale, laquelle était, à son grand avantage, tout à fait indépendante du Trésor, comme on sait. Le Nouveau Régime est, sans doute, plus soucieux des choses. Il s'est donc préoccupé de la solidité du célèbre monument. Une commission, composée d'architectes et d'ingénieurs français ou italiens, va être, paraît-il, appelée à formuler un avis sur ce sujet, infiniment intéressant puisqu'il a trait à la conservation d'un des chefs-d'œuvre du monde. L'exemple du campanile de Venise est récent, et le souvenir du tremblement de terre qui secoua Constantinople en 1894 n'est pas encore effacé.

Par des rues défoncées, cahotés, secoués, empoussiérés, empuantis de mille parfums où des odeurs de charogne se mêlent sans agrément à des relents de fritures rances, nous grimpons, nous dégringolons les rues du vieux Stamboul, nous arrêtant de-ci, de-là, pour voir, vite, trop vite, des mosquées; celle-ci servant d'asile à des nuées de pigeons, comme la place Saint-Marc, à Venise; celle-là fréquentée par les étudiants; cette autre dépositaire d'ouvrages inestimables. Des monuments, des quartiers divers.

Voici la Sublime Porte : une entrée banale et de goût discutable, mais en bien mauvais état! Est-ce un symbole? Des ministères. Celui de l'agriculture est petit, tout petit, comme le « cœur de ma mie », de la romance. Encore un symbole? Par contre, sur une vaste esplanade, close d'une grille, située devant une majestueuse bâtisse, des soldats manœuvrent, à l'allemande, naturellement ; c'est le ministère de la guerre. Je trouve l'idée d'adosser un champ de manœuvres à l'administration centrale militaire tout à fait pratique : Elle permet aux fonctionnaires et aux officiers spécialisés dans le « Castor » sédentaire de se tenir en contact avec la troupe, rien qu'en regardant par leur fenêtre. Cette judicieuse disposition mérite d'être retenue en Occident.

Sur une place, près de deux obélisques dont l'un est en briques, ce qui facilite singulièrement l'édification de ces « monolithes », on me montre une fontaine monumentale toute neuve, encore entourée de planches : elle vient d'être élevée en mémoire de la visite de l'empereur Guillaume II. Étant donné l'aspect de l'ensemble, on m'eût dit que c'était à la mémoire de l'empereur Vespasien que je n'en eusse pas été autrement surpris.

Tiens! un chien? Il y en a donc encore? Quelques-uns, me dit-on, ont, en effet, échappé à l'impitoyable rafle faite il y a quelques mois. J'ai vu, même, en arrivant, l'îlot d'Oxia où l'on transporta les pauvres animaux. C'est une petite terre en plan incliné aigu. Comment les 32000 malheureux cabots purent-ils tenir là-dessus? Pas d'eau. Les premiers jours on les alimenta. L'intention n'était pas de les tuer, sans doute. Mais le service chargé du soin de ces bêtes relevait-il de celui qui a pour mission d'entretenir les épaves dans les ports ottomans, ou bien trouva-t-on la dépense trop élevée, tout en ne voulant pas heurter l'opinion par un massacre en masse des malheureuses bêtes? Toujours est-il qu'on les laissa mourir de faim et de soif et se dévorer entre elles. Leur supplice fut long. Est-ce parce que j'ai toujours considéré mes chiens comme des amis très supérieurs à d'autres, car le chien ignore, lui, l'ingratitude et la muflerie? mais cette île m'apparut lugubre et odieuse comme un de ces lieux maudits, théâtre de tel drame demeuré honni.

Par une interminable rue dont le pavé est un défi à l'accrochage des viscères humains, nous longeons tour à tour de vieilles demeures, des murailles byzantines, des maisons turques en bois, échafaudages branlants et disjoints, dont l'équilibre est parfois un problème, des échoppes, quelques usines, et des cimetières, encore des cimetières, en pleine rue, envahis par la brousse, parmi laquelle s'entassent pêle-mêle les stèles abandonnées. Parfois, tout contre, un petit café turc débite ses modestes consommations. Dans une autre nécropole, se tient une école mixte; garçons et filles, accroupis parmi les tombes, séparés dans une allée, ânonnent quelque psalmodie sous la direction d'un maître en turban.

Plusieurs enterrements passent; surmonté du tarbouch, le cercueil, en planches dont les interstices laisseraient voir le corps, est porté par des amis que d'autres suivent, silencieux, d'un pas rapide. Population misérable, dans ce décor malpropre et malodorant. Quand les épidémies et le feu se mettent là dedans, quels ravages, sans doute! En ce moment même, on parle du choléra à Constantinople. Fait assez particulier : les cas seraient en recrudescence depuis que les chiens ne font plus la voirie. Puisque les Turcs n'en voulaient plus, que ne les ont-ils proposés à notre administration municipale, si empêchée, elle aussi, de tenir Paris propre? C'était peut-être une solution?...

Nous gagnons Eyoub, au fond de la Corne d'Or, près des Eaux Douces d'Europe. La mosquée d'Eyoub renferme plusieurs tombeaux de personnages renommés. Là fut inhumé, il y a peu de temps, Edhem-Pacha, le vainqueur de la Grèce dans la dernière campagne. C'est ce cadre d'Eyoub que Pierre Loti choisit pour ses *Désenchantées*. Au vrai, il a fallu au célèbre écrivain quelque illusion pour trouver tant de grâce à ces lieux, où la seule mosquée jette une note d'art et de charme au milieu de ces masures, de ces usines, de cette misère, de cette crasse, dans ce paysage banal, rendu maintenant plus banal encore par le voisinage du nouveau pont métallique de Galata, que montent là les Allemands, en attendant de le mettre en place. C'est tant mieux, au surplus, que Loti ait vu à faux ce cadre, puisque de cette vision, fût-elle factice, sont nées de si belles pages.

*
* *

Le pont de Galata traversé de nouveau, entre le port, animé, et le fond de la Corne d'Or, où sont mouillés quelques navires, un yacht, un croiseur turc, notre voiture grimpe à Péra, la ville européenne, où sont les Ambassades. La nôtre, honorable, mais désavantageusement placée au point de vue décoratif, au bout d'une ruelle en contrebas; celle de l'Allemagne, énorme, *kôlôssale,* affreuse bâtisse flanquée d'une volière d'aigles dorés, gigantesque, comme si nos voisins teutons avaient voulu prouver à leurs fidèles et admiratifs amis turcs combien, même en matière de mauvais goût, vraie est la formule : « *Deutschland über alles!* L'Allemagne est au-dessus de tout! » Une belle rue bordée de magasins occidentaux; des restaurants; quelques Palaces.

Un monument orné de drapeaux, une garde d'honneur à la porte : c'est un lycée où l'on passe en ce moment les examens. Que nos appariteurs de la Sorbonne paraissent miteux auprès de cet apparat!

De rares trams à chevaux, quelques autobus. Constantinople, où le téléphone et l'éclairage électrique restent à créer, en est encore à son point de départ, sous le rapport des communications urbaines : constatation d'autant plus surprenante que la population, par sa progression rapide depuis le Nouveau Régime, y dépasse aujourd'hui, en y comprenant Scutari, sur la rive asiatique du Bosphore, de beaucoup le million. Ici, cette population perd tout caractère. N'étaient quelques dames turques, drapées dans leur ample manteau de soie, entièrement voilées de noir; ou grecques, au voile encadrant de son ovale le visage découvert; des officiers, uniformément en kaki, la tête recouverte du kalpak, substitué au tarbouch, un sabre minuscule au côté, les manches nues, sans galons, et que distingue seule, d'une arme à l'autre, la couleur des parements, variée à l'infini, on se croirait en quelque grande ville de province de notre Midi, ou du Nord de l'Italie. Au reste, le nombre des Européens fixés à Péra ne dépasse pas 30 000.

Péra, à l'extrémité de laquelle est un bel hôpital français, est vite traversé. Nous redescendons vers le quartier des Palais. Top-Hané le long de la mer. Bientôt mort, et bien désert déjà, maintenant, ce quartier où les fastueux selamliks du Sultan Rouge sont devenus de discrètes cérémonies. Disparus aussi, avec le souverain dont ils étaient la garde, les zouaves à turban vert et les mirifiques troupes albanaises, aux vestes brodées, aux jupes bouffantes. Remplacés par les soldats en complets veston, bonnet et jambières kaki. A voir toutes les armées du monde adopter tour à tour cette nuance disgracieuse et pratique, et ces tenues d'où sont exclues toutes distinctions caractéristiques, on peut se demander comment feront, pour se reconnaître, les adversaires de demain? Déjà, en 70, nos chasseurs à pied furent, dit-on, parfois victimes d'erreurs dues à leur uniforme sombre. Qu'adviendra-t-il lorsque les coupes elles-mêmes se ressembleront, d'une armée à l'autre? A ce point de vue, notre vert réséda, un instant projeté, aurait eu l'avantage de se différencier de l'universel kaki. Que l'on ait, ou non, songé à cela en l'adoptant, le choix n'en était pas moins opportun, sous ce rapport.

*
* *

En suivant l'avenue qui, longeant la mer, borde Galata, nous rejoignons notre bord.

Et cette perspective de retrouver, à la fin de chaque escale, notre « home », un sol français, un personnel de compatriotes, est, je vous l'assure, un des meilleurs charmes de toute croisière. Combien de voyageurs, cependant, s'astreignent à des nuits en chemin de fer, dans la poussière et les cahots, à des séjours en des hôtels douteux, pour éviter quelques heures de traversée? Cette aversion de tant de gens pour la mer, pour le large, si sain, si reposant, m'a toujours paru, et plus je voyage, plus elle me paraît, une chose inexplicable et sotte.

*
* *

« La Chambre des Députés », me dit fièrement le guide en passant devant un monument très quelconque. A chaque porte est une sentinelle, en kaki, naturellement, mais le chef orné d'une singulière coiffure, sorte de boîte à conserves peinte en rouge, ornée du croissant étoilé, et la nuque couverte d'une longue visière tombante, l'ensemble donnant l'impression d'un carnavalesque casque sarrasin. « Ce sont des pompiers », m'explique le guide. Je trouve très bien de faire garder un Parlement par des pompiers. D'abord, tout Parlement compte une bonne proportion de pompiers-sans-le-savoir. Puis, la menace permanente du jet de pompe sur la tête des politiciens agités est une mesure de sagesse. Voilà un exemple que maint pays d'Occident pourrait aussi bien emprunter à l'Orient.

*
* *

Quelques semaines plus tard, notre itinéraire nous ramène à la Corne d'Or. Stamboul a trop excité notre intérêt pour que nous n'y retournions pas. Notre voiture franchit le pont de Galata et la haie de ses receveurs; nous gravissons une fois de plus la rue dont la pente mène à la ville haute. Un arrêt de simple curiosité chez le confiseur célèbre, père du loukoum, Hadji-Beker, dont la boutique vieillotte, où les cuves fument sur un feu de longs troncs de bois, évoque l'ancien Orient. Tout à côté, je m'arrête un instant devant une chapellerie turque et j'y vois, en montre, des fez marrons, garnis d'oreillères à rabat, pour l'auto. Le turban de Mahomet transformé en tarbouch, et en passe de devenir casquette de chauffard! Si cela n'est pas un signe des temps?...

Nous visitons le Musée des Janissaires, décimés en 1826 sur l'ordre de Mahmoud II.

Le guide m'explique : « A la suite du massacre des Janissaires, il y a eu la guerre de Crimée avec les Russes, où les Anglais et les Français nous ont aidés à prendre Sébastopol. » — « Les Turcs ont pris Sébastopol tout seuls », rectifié-je. — « Ah! je croyais... », dit le guide. Tant pis pour ses clients futurs! Au surplus, je suis indulgent à ce brave homme, en songeant que, de chaque côté des Vosges, la majorité des recrues ignorent la guerre de 70.

Autre musée : celui des Antiquités ; outre qu'il dénote un réel effort, celui-là, il renferme deux œuvres admirables. La première, le tombeau d'Alexandre le Grand, une pure merveille, qu'on a eu le soin, précaution rare, même ailleurs, de protéger par une cage en glaces ; la seconde, un autre imposant tombeau, dit des Pleureuses[1]. Aucune autre collection, aussi bien à Londres qu'à Paris, ne contient rien de plus beau. Le Palais où celle-ci, composée de sculptures et d'objets préhistoriques, assyriens, égyptiens, grecs, romains, voire d'un lot d'objets confisqués à l'ex-sultan, mais d'où, lacune sans explication, l'art byzantin est, autant que je l'aie pu constater, absent, est lui-même un vaste monument bien aménagé. Si le gouvernement turc veut poursuivre cet effort, dont le début remonte à une vingtaine d'années, et grouper là les incommensurables richesses antiques que renferme le sol de l'Empire, Constantinople pourra s'enorgueillir de posséder un ensemble de trésors sans égal.

Moins benêts que nous, les Turcs font payer pour visiter leurs musées, à l'exemple de ce qui se pratique à peu près partout, sauf chez nous. Ils y gagnent de pourvoir ainsi aux dépenses de l'institution, tout en écartant des salles d'exposition la tourbe de vagabonds qui déshonorent les nôtres. Détail à noter : toutes les inscriptions, comme du reste presque partout en Orient, sont en français.

En face du Palais, en une ancienne demeure du sultan Mourad IV, elle aussi autre joyau de l'art oriental, se voit une remarquable, quoique peu abondante, collection d'objets anciens de l'Orient. Échouées là, par quels hasards? une rangée de « salades », ces casques du quinzième au dix-septième siècle. « Casques romains », me renseigne le guide, imperturbable. Décidément!...

Depuis notre passage, Stamboul a été dévasté par d'épouvantables incendies : des hectares de constructions, 6 000 maisons, dit-on, ont été dévorées par le feu. On a hospitalisé tant bien que mal les sinistrés : dans les mosquées, sur des paquebots disponibles, où l'on a pu. Pendant longtemps, des heures, presque, notre voiture traverse des ruines lamentables. La flamme a tout fauché : bicoques en bois, édifices, maisons. De place en place, près des piquets de soldats gardant ces ruines, un petit baquet à pompe, comme ceux employés dans nos villages, atteste les moyens avec lesquels a été combattu le sinistre. On manqua d'eau, au surplus. Alors, à quoi bon se ruiner en matériel?

Le feu a commencé près des archives du ministère de la Guerre, qui ont flambé et communiqué, par l'effet d'un vent violent, le feu aux autres quartiers. Les archives jouent de malheur, sur le Bosphore.

*
* *

Le lendemain, par une exquise et fine lumière, sous un naissant jour du Levant, notre navire quitte Constantinople : Décor féerique. Décor de drame.

Du pont, en attendant l'appareillage, nous contemplons l'incomparable vision : les Sept Collines, comme à Rome, devinées plutôt que vues ; les jardins, l'eau bleue, l'horizon transparent dans l'air pur ; les dômes, les minarets, les palais ; le port, pittoresque et animé ; la beauté splendide de l'ensemble. Vues de loin, ces sales maisons du bas Stamboul sont d'un cachet intense et concourent à l'harmonie du tout.

Pour un peu, devant tant de magnificence, je regretterais d'être allé à terre, de n'être pas resté sous l'impression de l'arrivée et d'avoir vu tout cela de près. Mais mes yeux tombent sur Sainte-Sophie, et le souvenir de l'émotion ressentie devant tant de majesté grandiose efface mon regret.

Au moment où nous allons manœuvrer, pour traverser à nouveau, avec, cette fois, l'aide indispensable de deux remorqueurs, la foule des navires, arrive, battant pavillon bleu, jaune, rouge, un gracieux paquebot blanc. C'est un de ceux fournis à la Roumanie par notre industrie; le navire est parfait d'élégance et de tenue. Pourquoi faut-il, en ce domaine encore, que l'insuffisance de notre organisation économique ait peu à peu relégué nos chantiers à un rôle extérieur si effacé? Nous construisons — comme nous fabriquons — aussi bien et mieux que nos concurrents; j'allais dire : nos adversaires. Rien ne démontre que nous ne pourrions lutter de près contre eux, par une entente bien comprise de nos moyens de transport, de notre outillage national, de nos relations au dehors. Quand donc comprendra-t-on, chez nous, que ces questions priment toutes les autres, même celles relevant de la politique pure. Pure! Ironie des mots...

*
* *

Le *Sidon* se dégage avec peine de la foule des caïques et des mahonnes. Nous nous engageons dans le Bosphore, par une radieuse fin de journée, sous le flamboiement d'un de ces couchers de soleil qui sont une des beautés de ce pays. C'est un panorama changeant de minute en minute. Adossés à de hautes collines boisées, les villages pittoresques, gracieux, — de loin sans doute, — se succèdent sur chaque rive en une file ininterrompue, ponctués tantôt de mouuments somptueux, tantôt de belles villas. On me désigne le majestueux palais, jadis construit sur la rive asiatique à l'occasion du voyage à Constantinople de Napoléon III et de l'impératrice Eugénie. Alors, le prestige de la France rayonnait sur le monde. Le Kaiser n'a eu, lui, que sa modeste fontaine, édifiée à Stamboul, non loin du palais des Janissaires et de la prison.

Plus loin, sur la même rive, le Khédive s'est fait construire une riche villa, où il vient se reposer de temps en temps, sous l'égide de son suzerain honoraire, le Sultan. Presque en face, se dresse, sur la hauteur, un vaste collège américain, encore en voie d'agrandissement. Que sont venus faire là les Yankees? Une simple affaire? De la propagande? Constantinople est pourtant bien loin de New-York.

De formidables ruines byzantines apparaissent sur chaque rive, plus importantes sur la côte d'Europe. C'est par là que les Turcs attaquèrent Byzance, et, dit la légende, de ce point qu'ils traînèrent leurs barques pour prendre la ville à revers par le fond de la Corne d'Or.

Voilà Thérapia, centre de luxe; et encore des palais, résidences d'été des ambassades. Chaque ambassade des grandes puissances possède son yacht, par lequel a été remplacé le navire de guerre qu'entretenait jusqu'en ces dernières années chacune d'elles dans les eaux du Bosphore. Notre dernière unité en station à Constantinople fut le *Vautour*. Elle a été remplacée par le yacht *Jeanne-Blanche,* dont je reconnais la silhouette, modifiée, se détachant à l'extrémité de la baie de Thérapia. Deux mots pour rappeler la typique histoire de ce yacht. Un riche yachtman, M. F..., le légua en mourant à l'État. Celui-ci, pourtant si rapace percepteur, fit d'abord, antithèse inexplicable, mais souvent constatée, des difficultés pour accepter ce cadeau. Est-ce parce qu'il était royal?... Puis, une fois en possession, il décida d'affecter la *Jeanne-Blanche* au service du Gouvernement Général de l'Afrique Occidentale, alors réduit au vieux *Goéland*, déjà, à cette époque, bon à la ferraille, où il est maintenant. Seulement, un yacht, même irréprochablement mis au point par un yachtman très averti, ne pouvait décemment entrer dans la flotte sans passer par les « améliorations » de la technique officielle. On envoya donc à cet effet la *Jeanne-Blanche* à Toulon. Et quand le navire en sortit, on l'avait si bien complété, amélioré, surchargé, qu'il avait perdu ses qualités nautiques. Après une courte et pénible expérience, le Gouverneur Général le renvoya de Dakar en France. On a, pour finir, destiné le yacht à Constantinople, où l'eau est immuablement calme, et où il montre assez bonne figure au milieu de ses congénères étrangers, ceux des ambassades et les autres : car j'ai compté nombre de steam-yachts privés, ou affectés à des services, le long du Bosphore.

La résidence d'été de notre ambassadeur fait, elle, piètre mine. Elle se compose de deux hideuses bâtisses passées à l'ocre rouge. Un beau parc rachète heureusement la laideur de cette fâcheuse Maison de France.

Thérapia dépassé, les habitations se clairsèment. Encore un large renflement du détroit, avec, au milieu, un kiosque de garde monté sur charpente. Le pilote nous quitte. Brusquement, les falaises, puissamment fortifiées là encore, s'ouvrent à angle droit. Nous entrons dans la Mer Noire, au moment où la nuit tombe, tel un rideau sur une vision d'idéale beauté.

*
* *

La première terre russe : l'Ile des Serpents : un bout d'îlot, surmonté d'un phare puissant, et perdu en pleine Mer Noire, juste à mi-route entre le Bosphore et Odessa, où notre navire entre au petit jour. Du port, très vaste, très moderne, plein de navires, la ville, dominant le golfe, de la falaise sur laquelle elle est construite, apparaît imposante. Un funiculaire, un immense escalier la mettent en communication avec le centre des bassins.

A ODESSA

Nous allons quitter notre navire, et avec lui, le « sol » de France; ce sol, non pas symbolisé, mais réel, rendu plus attachant encore par le sentiment de l'éloignement de son pays et des siens, « sur la terre étrangère », comme on disait dans les vieilles romances. Et ici, nous a-t-on prévenus, nous allons nous trouver en pays difficile au voyageur, même au touriste.

L'examen du passeport, pour ma femme et pour moi d'abord; puis la visite de douane, passée méticuleusement, mais sans ces ennuis que l'on m'avait fait craindre en me recommandant bien, aussi, de dissimuler avec soin mon revolver et mon appareil photographique dont l'usage est interdit dans les places fortes; or, Odessa en est théoriquement une, paraît-il. Mon revolver, passe encore, et bien des braves gens de France applaudiraient à cette même mesure prise chez nous... à la condition que MM. les apaches daignassent, eux aussi, s'y conformer; mais mon appareil, dans une grande ville ouverte de 500 000 habitants! Je dissimule donc, puisqu'il le faut, et la muscade passe.

A peine à terre, je prends, par l'humble intermédiaire d'un porteur de bagages, contact avec nos amis et alliés. Le gaillard, une fois mes bagages posés sur le char qui doit nous suivre, me réclame 3 roubles — 7 fr. 95 — et me fait comprendre, par une mimique énergique, en roulant des yeux féroces, que mon bien ne me sera pas délivré si je n'obtempère pas.

Ce brave garçon, qui ne peut pas tout savoir, ignore, évidemment, que j'en ai vu beaucoup d'autres. Je recours tout bonnement, par l'office d'un interprète bénévole, au fonctionnaire des douanes présent;

l'énergumène de tout à l'heure comparaît, doux jusqu'à l'humilité, et accepte avec des marques de gratitude les 50 kopeks — 1 fr. 35 — auxquels le fonctionnaire a taxé son dû.

Nous voilà donc « introduits » en Russie; avec cette supériorité sur les Russes que nous serons libres d'en sortir sans payer un passeport dont les frais peuvent s'élever jusqu'à 70 ou 80 francs, et celle, sur les Israélites russes eux-mêmes, que nous aurions, au besoin, la faculté de nous fixer dans n'importe quelle partie de l'Empire, dont le séjour, en plus d'une province, leur est, à eux, interdit.

Nous nous calons, tant bien que mal, dans une sorte de basse petite voiture-aux-chèvres, attelée d'un cheval harnaché avec un arceau, en troïka, conduite par un cocher à petit chapeau bas, évasé, et revêtu d'une ample houppelande froncée, historiée, descendant jusqu'à ses bottes : ces éternelles bottes du populaire russe, qui doit coucher avec et auxquelles on pourrait sans doute appliquer le dicton du lierre : « Je meurs où je m'attache... »

Au grand trot, cahotés, cramponnés, risquant à chaque sursaut d'être projetés hors de la voiture-aux-chèvres, nous voilà partis pour l'hôtel, suivis docilement maintenant du chariot transportant nos bagages.

*
* *

Trois heures de promenade en voiture suffisent à nous faire voir Odessa, car, une fois à terre, ici comme en tant d'autres points du monde, le charme de l'arrivée est rompu.

Odessa c'est, dans toute l'acception du terme, la « grande villasse » moderne, dégingandée, parce que poussée trop vite. Là où vivent aujourd'hui ses 500 000 habitants, existait seulement un village tartare, lorsque Catherine II la fonda. Mais le véritable créateur de la ville fut un des nôtres, le duc de Richelieu, alors au service de la Russie, et qui fut ministre de Louis XVIII. La statue du duc, représenté en consul romain, costume qu'il ne porta cependant jamais sans doute de son vivant, orne la principale place de la ville; dans le socle est incrusté... un boulet français, souvenir du siège de 1854.

Un musée embryonnaire représente, à Odessa, l'art et la science. Très peu d'autos, faute de routes praticables dans les alentours. Quelques bons trams sillonnent les principales artères, dont un « Boulevard de France » compte quelques belles demeures.

Une exposition exsangue attend l'heure de la fermeture, et fait bien, car on n'y trouve rien, pas même une fourrure ou un objet en cuir de Russie!

Dans les larges rues, bien tenues, pas un costume ni un type pittoresques. Le plus curieux des gens rencontrés fut encore un pope, en robe, figure de Christ camus, longs cheveux blonds flottants couronnés d'un déplorable melon, et déambulant gravement avec sa femme, celle-ci en proéminant « état d'espérance ». Léandre eût fait un chef-d'œuvre de ce couple.

Quantité d'uniformes, où les vestes kaki dominent; de grands soldats, « marquant bien » ; de superbes officiers, le sabre suspendu à un baudrier et collé au corps; puis, complétant un habit civil ou un uniforme, des casquettes et des insignes, en majorité, au point que le chapeau est une exception.

« C'est que, me dit-on, chaque catégorie a, en Russie, son signe distinctif, voire son uniforme, et le porte : l'instituteur, le magistrat, le fonctionnaire ou l'ingénieur, le vigneron des domaines impériaux, ou bien encore, dans certaines conditions, l'officier retraité. « Moi-même, ajoutait, non sans fierté, le brave négociant russe qui me donnait ces détails, je pourrais, si je voulais, porter un uniforme... comme membre des Sociétés de bienfaisance de S. M. l'Impératrice Marie ». — Il fut assez fort question de ces œuvres lors de la guerre. — « Je ne l'ai pas acheté, par économie, ajoutait-il. Mais quand j'ai affaire à l'Administration, j'arbore ma casquette, et m'en trouve bien. »

Le fait est que cette débauche d'insignes est l'exacte expression de la rigide et sans doute nécessaire hiérarchie que l'on sent peser sur ce pays dès qu'on y a mis le pied. L'octroi, justement discuté, de la tenue civile, presque conseillée déjà à nos officiers, accordée pendant son ministère par M. Berteaux à nos sous-officiers, serait considéré ici, non pas comme une faveur, mais comme attentatoire au prestige du grade et à la dignité de la fonction.

Le soir, nous dînons en un lieu dont la terrasse, surplombant la rade, permet d'embrasser l'ensemble du port; au loin, les immenses docks à grains, défavorablement séparés des bassins et reliés à eux par une voie aérienne desservant chacun de ces derniers; dans un angle, plusieurs énormes paquebots, depuis longtemps désarmés, de la flotte volontaire russe : « Des millions qui dorment », me dit-on. Ailleurs, une flottille de petits yachts, dont certains sont réservés, paraît-il, aux élèves des gymnases : excellente mesure que nous ne ferions pas mal d'adopter pour aider à la diffusion des idées maritimes dans notre jeunesse. Parmi la forêt des cheminées et des mâts des navires, un seul pavillon français : celui du *Sidon*.

Peu de mouvement aujourd'hui, du reste. C'est fête : Saints Pierre et Paul. C'est même, disent les gens d'affaires, trop souvent fête, en Russie. Que ce soit à propos d'anniversaires successifs des principaux membres de la famille impériale, de saints, de solennités diverses, les chômages se succèdent, et la charge en retombe sur les travailleurs. Ce qui n'empêche pas la volonté, de la part du clergé orthodoxc, de ne supprimer aucune solennité, comme d'être le principal obstacle, paraît-il, à l'abandon de ce calendrier grégorien dont le maintien ne contribue pas peu, avec aussi l'écriture spéciale, à isoler davantage la Russie des autres peuples.

Un des convives narre une typique histoire de passeports : le capitaine d'un steamer hollandais vient d'arriver, ayant à son bord sa fille et deux amies de celle-ci, inscrites sur le rôle comme femmes de chambre ; ces jeunes filles n'ont donc pas pris de passeport. La police, qui ne plaisante pas avec cette formalité désuète, les a purement et simplement consignées à bord, et le consul néerlandais s'emploie à les libérer.

Simple observation : les malintentionnés et les gens en rupture de ban ont toujours, eux, leurs papiers en règle. Ceci n'est pas particulier à la Russie...

*
* *

Dans la soirée, notre voiture croise un lugubre cortège : suivi d'un gamin d'une douzaine d'années, qui porte des hardes, un prisonnier, les pieds enchaînés, marche, encadré de soldats sabre au clair. La physionomie du prisonnier dénote un homme cultivé. Il va, les yeux fixes, dans une expression d'énergie exaspérée que je n'oublierai plus. Quelque « subversif » expédié en Sibérie. Un disparu pour toujours.

Dans une maison amie, je rencontre un officier, ancien combattant de Mandchourie. Il évoque les heures terribles et la nuit où, tellement harassé de fatigue, le courage lui manquait pour se lever et fuir, ce pendant que les Japonais entraient par l'autre bout de la ville!

*
* *

Deux jours à Odessa et c'est vu, plus que vu, pour la bonne raison qu'il n'y a là guère à voir, et que la curiosité dont je garderai le souvenir le plus vif et le plus cuisant est ma note d'hôtel. Elle me rappelle la boutade d'Aurélien Scholl. Scholl avait été abominablement estampé dans un grand restaurant de Paris. Il paya, mais le lendemain paraissait, dans son journal, ce simple filet : « Il vaut mieux se battre en duel que d'aller dîner au restaurant X..., parce que, si on se bat, on a des chances de s'en tirer indemne, tandis que si on va dîner au X..., on est sûr d'en sortir écorché. » « L'écorchoir » ne s'en releva pas. Paix à celui d'Odessa, au patron duquel j'eusse pu rééditer l'histoire que l'on prête à Rossini : le grand musicien va dîner, lui aussi, dans un établissement où on lui présente une addition formidable. Rossini se met à sangloter bruyamment, se jette dans les bras du maître d'hôtel et le couvre de baisers. « Monsieur! s'écrie celui-ci, ahuri, affolé. Monsieur! Mais qu'avez-vous donc? » — « Ce que j'ai, dit Rossini, c'est, mon pauvre ami, que je ne vous reverrai jamais! »

Je devrais partir en pleurant, car, moi non plus, je ne reverrai jamais ce bourreau des bourses.

A BORD D'UN PAQUEBOT RUSSE

Odessa visitée, — et c'est, comme vous en jugez, vite fait, — notre itinéraire doit maintenant nous mener à Batoum. Nous allons effectuer ce voyage à bord d'un des navires de la Compagnie Russe de Navigation et faire escale dans tous les ports de la Mer Noire Orientale : croisière de haut intérêt, m'a dit une personnalité bien au courant de ces pays. Notre bateau est le *Poutschkine,* un paquebot construit en Angleterre, et vieux de trente ans ; toutefois, bien tenu, équipage d'une correction digne de servir de modèle à maints de ses congénères. Cuisine très russe mais parfaite ; une observation à ce propos, la vodka, l'eau-de-vie provenant des monopoles d'État, et sans laquelle en ce pays un service serait incomplet, demeure en permanence sur les tables du bord ; or, j'ai été frappé de la discrétion avec laquelle elle est consommée, contrairement à l'opinion qui attribue aux Russes une répulsion marquée pour l'eau claire.

Le *Poutschkine* est plein comme un œuf : passagers de premières, en majorité des messieurs en uniforme ; quelques élégantes, mais plus de cette outrance des toilettes parisiennes, depuis l'entrave jusqu'au chapeau-polichinelle empanaché, vue à Odessa. Dans le reste du bateau, un peu de tout, un salmis de races et de crasses. Il y a même deux Chinois. Nous avons dans cette cohue la chance, grâce à l'intervention de M. M..., notre très aimable cicerone, dont le courtois empressement nous facilita — j'allais dire : nous rendit possibles — les choses, d'avoir une cabine pour nous seuls. En certaines de celles-ci, cependant exiguës, les passagers sont cinq ! Je tremble encore du risque couru. Nous eussions, je crois bien, renoncé à cette traversée sur le *Poutschkine*, et quel dommage c'eût été! Le début avait offert cependant quelque grippement. J'avais demandé à conserver, suivant mon habitude, mes bagages dans ma cabine. Le règlement, père de la forme, s'y opposait, paraît-il. Et il fallait voir avec quelle importance pénétrée, quel haut sentiment de sa parcelle d'autorité, quel dédain de nos pauvres personnes de simples particuliers sans casquettes à insignes, le brave commandant de ce bon vieux vapeur écrasait l'obligeant gentleman qui nous servait d'interprète, du poids de son règlement.

Bref, le règlement allait triompher et mes malles être, avec tous mes papiers, tous mes documents, envoyées à fond de cale, lorsque, sur l'intervention de M. M..., un avis de la Direction vint opportunément transformer ce bourru en bienfaisant. Il consentit à... laisser deux de mes malles dans le couloir, où elles gênèrent tout le monde pendant la durée de la traversée, et la troisième, à ma disposition, — devinez où? je vous le donne en mille — : sur la passerelle haute, derrière l'homme de barre! Là, j'avais la faculté d'aller chercher mes affaires au fur et à mesure de mes besoins, en dérangeant chaque fois le matelot de service et en encombrant le commandant lui-même. C'était absurde évidemment, mais la forme était sauve.

J'ai tenu à vous citer ce trait, non parce que le fait que j'aie eu chez moi mes malles ou non eût la moindre importance en lui, mais parce qu'il constitue une sorte d'apologue applicable à une certaine mentalité obtuse et formaliste, dont les Russes, marins ou terriens, n'ont pas le monopole, au demeurant.

A bord du *Poutschkine* l'étranger est, je le crois bien, sur ces bateaux comme dans ces parages, un objet rare. Le second capitaine parle un vague anglais et le maître d'hôtel, qui a voyagé, baragouine quelques mots de notre langue. Sans doute sera-ce assez pour nous tirer d'affaire. Nombreux sont, je m'en suis aperçu par la suite, les passagers qui possèdent le français à fond et le parlent correctement. Seulement, on fraye peu. Les Russes sont, eux-mêmes, d'une extrême réserve entre eux. Ainsi, le commandant vient à table quand son service, très chargé, le lui permet; il ne salue personne; nul ne le salue davantage, et s'il a une inclinaison de tête à notre adresse, c'est parce que nous sommes étrangers... et recommandés à lui.

Une telle attitude serait choquante ailleurs. Ici elle est normale et ne saurait froisser personne. Aussi bien, dès le repas terminé, chacun quitte sa place sans un regard pour ses voisins, et il en va toujours ainsi, entre gens de la même famille ou de la même société. J'ai couramment fait cette remarque.

Pas de bar sur le *Poutschkine*. La sobriété y est extrême, décidément; est-ce probablement spécial à ce cas? Cependant, quand on fait un « extra », c'est notre champagne qui en bénéficie.

Sur les bouteilles de vin rouge que l'on sert à bord, très cher, d'ailleurs, je remarque le sceau impérial. « C'est, m'explique-t-on, du vin des propriétés de Sa Majesté; non pas un monopole, comme la vodka, l'eau-de-vie nationale, mais une simple « préférence » de la Compagnie ». Préférence opportune, évidemment. Le célèbre vin présidentiel français a donc son pendant impérial, en Russie. Seulement, ici, personne ne met la chose en chansons. On a le respect — libre ou imposé — de ce qui est. Ainsi il ne viendrait point à l'idée d'un seul de trouver inopportune l'icone qui orne la salle à manger : les incroyants laissent les croyants la vénérer en paix. Une certaine tolérance serait-elle devenue l'apanage des autocraties?

Une observation très particulière réside en cette sorte d'égalitarisme spécial, très accentué en Orient, que l'on remarque ici. En voici une preuve : notre passerelle « réservée » est envahie par les secondes, voire par les troisièmes de mise décente... Cette invasion, tolérée, à laquelle le pittoresque, sinon notre confortable, gagne, d'ailleurs, ne serait pas acceptée chez nous, ni sur un paquebot anglais ou allemand ; chacun, sur le *Poutschkine,* paraît la trouver toute naturelle.

Simple détail : ce bateau, sur lequel vivent trois ou quatre cents personnes, et dont la traversée dure, aller et retour, deux semaines, n'a pas de docteur ! Pas plus, du reste, que de salle de bains. « ... Pour quelques jours, vous comprenez... », m'a-t-on expliqué. En effet...

On a spirituellement écrit quelque part : « Le français est su, dans le monde, de tous les gens qui ont les ongles propres. » Cela peut s'appliquer encore bien plus exactement à la Russie. Là, le français se parle couramment et, fait à noter, sans accent, ou presque, même de la part de gens n'ayant jamais visité notre pays : nouvelle preuve, soit dit en passant, de l'excellence des méthodes linguistiques employées ici et de l'exécrabilité des nôtres, puisque nos études secondaires terminées et, passé notre bachot avec, à la clé, un examen concernant une langue vivante, nous sommes généralement incapables, lorsque nous nous rendons dans le pays dont nous avons pioché classiquement la littérature, de demander correctement du pain : remarque très platonique, assurément, notre tutélaire *Alma mater* n'ayant aucune propension à faire évoluer ses traditions.

Aussi, ceux d'entre nous qui voyagent en Russie ne sauraient-ils trop « tourner sept fois leur langue avant de parler », même quand ils se trouvent dans un milieu où ils peuvent se croire non compris.

A ce propos, ce petit fait : durant plusieurs jours, nous eûmes comme voisins de table, à bord du *Poutschkine,* un ingénieur russe, sa femme et une dame d'un certain âge, distinguée et revêche. Pendant toute la semaine que dura la traversée, ces Russes conversèrent entre eux et n'intervinrent point lorsque, embarrassés, exaspérés parfois, nous n'arrivions pas à nous faire comprendre du personnel pour les moindres choses de la vie courante. Enfin, le dernier jour, on nous présente un mets comportant une graine cuite, ressemblant assez à du riz mal décortiqué. Et, comme nous nous demandions ce qu'était cela, la dame revêche, s'adressant pour la première fois à nous, dans le plus pur français, sans la plus petite pointe d'accent, nous dit : « Ce sont des graines de sarrasin cuites. Dans toute une partie de la Russie, ceci forme le fond de la nourriture du paysan. Chez vous, on n'en consomme plus guère qu'en Bretagne. »

Notre voisine avait seulement voulu nous prouver qu'elle connaissait le français comme vous et moi. Sans lui tenir rigueur de nous avoir laissés nous dépêtrer jusqu'à ce moment, procédé qu'on eût vraisemblablement évité en tout autre pays, nous crûmes, par courtoisie, devoir la complimenter sur son élocution en français : « Oh ! repartit la dame, ici, toutes les personnes éduquées parlent plus ou moins français ou allemand. Mais, prit-elle soin d'ajouter, dans les grandes familles, on préfère maintenant, en Russie, les institutrices suissesses, à cause de la pureté de leur enseignement. Moi-même, j'avais pris pour ma fille une Française. J'ai dû la remplacer. Ainsi cette personne disait couramment : « On vous cause. » — A vous, mesdemoiselles du téléphone! — « Elle émaillait sa conversation de : « Alors » et de : « Pour sûr! » J'ai donc choisi, moi aussi, une Suissesse. »

Je crus devoir, par acquit de conscience, affirmer à notre interlocutrice que beaucoup de Françaises parlent encore très purement notre langue, quoi qu'on en pût penser dans son monde!...

A bord du *Poutschkine*, un libraire a installé son éventaire sur le pont. Les seuls journaux non russes qu'il possède sont français, vieux de huit jours, et valent cinq sous l'un. Nous nous sommes précipités dessus, comme des gens privés de « nouvelles du pays » depuis quelque temps déjà. Nous avons ainsi appris : qu'il y avait eu de tumultueuses manifestations à Paris; contemplé le portrait de braves agents blessés et celui de leurs meilleurs agresseurs; que l'on ne voyageait plus, sur nos réseaux, que sur des lignes sabotées, dont chaque kilomètre est un nid à catastrophes; qu'un ministre inconnu avait discouru en province; et qu'enfin un père dénaturé avait violenté sa fillette de 12 ans. La photographie de la scène du crime manquait — cela viendra — mais celle de la victime s'étalait, bien en évidence. Si les étrangers ne sont pas tentés, à la lecture de nos gazettes les plus répandues, de venir visiter notre beau pays, c'est alors que le goût du pittoresque a disparu du monde.

La librairie « nautique » offrait, aussi, nombre de livres français et, bien entendu, une complète collection de romans russes. Je ne sais, et pour cause, si le texte de ces derniers répond aux couvertures; mais les illustrations de plusieurs m'ont paru singulièrement osées. Est-ce que, par hasard, la licence littéraire sévirait au pays des popes et des icones?

Nous avons la manie, nous autres Français, de vouloir absolument que certains peuples nous détestent et que certains autres nous aiment. Certes, telle nation peut nous haïr, héréditairement; telle autre nous manifester d'opportune sympathie, après nous avoir, pendant des siècles, exécrés.

De là à dire que « l'on nous aime » ailleurs, ici ou là, il y a un pas, trop souvent franchi, chez nous, avec une puérile méconnaissance des choses du dehors.

Par contre, j'ai, au contraire, toujours et partout remarqué la singulière insistance avec laquelle les étrangers, même les mieux élevés, se complaisent, au cours de toute conversation aussi banale soit-elle, à mettre sur le tapis nos relations avec l'Allemagne.

« Avez-vous été depuis longtemps à Berlin? me demandait un jeune ingénieur autrichien, fort distingué au demeurant, et passager à bord du *Poutschkine*. Allez-y. D'abord, ce sera très intéressant pour vous, ajoutait-il, faisant peut-être une allusion sans délicatesse aux musées berlinois où sont exposés les trophées germaniques de la guerre de 70. Vous verrez : Berlin devient le centre européen par excellence. Il détrônera toutes les autres capitales. »

Le sujet démangeait mon homme. Il y

revint : « Que pense-t-on en France de l'intervention allemande au Maroc? »

Et comme j'éludais ma réponse, il conclut :

« Ah! ce n'est pas demain que ni l'Angleterre, ni personne autre primera l'Allemagne! »

J'avais assez patienté. « J'ignore l'avenir, et vous aussi, sans doute, fis-je. Mais, puisque vous me parlez des relations de l'Allemagne avec les autres peuples, laissez-moi vous dire combien est admirée, en France, l'abnégation de votre vénéré souverain qui, triomphant de sa rancœur et de son propre et légitime orgueil, a su, dans un objectif supérieur, accepter de devenir l'allié et, moralement, le vassal de l'Allemagne qui l'avait vaincu! »

Mon interlocuteur encaissa le compliment, et nous parlâmes d'autre chose. J'ai reproduit ce bout de conversation pour la mentalité, très généralisée au dehors, et à maintes reprises personnellement constatée, qu'il dénote.

Au fait, devons-nous bien nous froisser de cette survivance de la mémoire de nos désastres, après plus de quarante ans, chez des gens que ni leur nationalité ni leur âge, postérieur à l'époque, pour nous tous inoubliable, de nos revers, ne semblent devoir prédisposer à un si grand intérêt pour ces faits, maintenant passés dans le domaine de l'histoire? Ne faut-il pas, au contraire, voir là un effet de la stupeur non encore dissipée, en dépit des années, causée par les désastres, inattendus du monde entier, subis par un pays alors aussi puissant, aussi redouté que l'était la France? Y trouver aussi la notion, confuse, sans doute, mais certaine, du ressort infini que comporte en elle notre race et du rôle qu'il lui reste à jouer dans l'avenir?

Car enfin, depuis nos défaites, que d'autres peuples en ont subi d'aussi graves ou d'aussi humiliantes : la Turquie a été battue par la Russie, la Grèce par la Turquie, l'Espagne par les États-Unis, l'Italie par l'Abyssinie, la Russie et la Chine par le Japon, l'Angleterre a failli l'être par les Boers. La guerre austro-allemande est presque contemporaine de 70.

Or, de tous ces grands événements, et si l'on en excepte la guerre russo-japonaise, encore trop récente, seul, le souvenir de la guerre franco-allemande subsiste dans le monde comme un fait primant tous les autres : tel le pic domine de sa grandeur la chaîne des monts...

« J'ai fait trois fois le tour du monde, et les dangers font mon bonheur! » vocalise, la bouche en chemin d'œuf, le ténor des *Cloches de Corneville*. Je n'ai, pour ma part, bouclé qu'une fois la « Grande Boucle », et ne professe pour les dangers qu'une propension contenue. Mais, comme je l'ai bouclée « en long et en large », je connais maintenant à peu près tous les pays, sauf l'Australie. Eh bien, le croiriez-vous? nulle part ailleurs je ne me suis senti dépaysé comme en Russie. Ici, tout est différent de tout : l'écriture, le calendrier, qui retarde lui aussi ; les heures de repas et de coucher — on mange couramment à quatre heures de l'après-midi, et l'on se couche tout aussi couramment à quatre heures du matin — ; les formalités de police, d'une incroyable rigidité ; les mesures et les monnaies, non métriques décimales et fort compliquées ; le coût des choses : tout, vous dis-je La langue aussi est une difficulté. Car si, comme l'affirmait la dame revêche, les Russes instruits parlent pour la plupart le français et l'allemand, par contre, je l'ai constaté à mes dépens, ils ne s'en servent pas volontiers, sinon parfois entre eux pour n'être pas compris du vulgaire. En revanche, l'anglais, pourtant universellement répandu, l'allemand et le français ne servent guère là-bas que dans les milieux cultivés. Aussi, à tout propos, pour quiconque ne connaît pas le russe, que l'on apprend peu chez nous, et pour cause, grand est l'embarras de l'étranger voyageant en Russie.

Bast! On s'en tire néanmoins : ne se tire-t-on pas d'affaire toujours et partout?

*
* *

Ces quelques observations, ces traits sont d'ordre secondaire, assurément. Ce sont, diront certains, des choses « vues par le petit bout de la lorgnette ». Je les ai retenus néanmoins, car ils apparaissent singulièrement démonstratifs d'une mentalité et de mœurs généralement trop peu connues de nous. Puis, combien de petits faits, en cet ordre d'idées, méritent d'être notés, en raison des enseignements d'une hauteur de portée très disproportionnée à l'importance intrinsèque qu'ils comportent en eux-mêmes?

UNE VISITE A SÉBASTOPOL

Dès le petit jour, je suis sur le pont du *Poutschkine,* car je ne voudrais pour rien manquer l'arrivée à Sébastopol.

Sébastopol ! nom évocateur des hauts faits de nos armes ! sol où tant des nôtres dorment leur dernier sommeil !

Dans la buée du matin, qui enveloppe la mer calme, sans une ride, d'une note ouatée, délicieuse, la terre se révèle peu à peu ; accidentée, non escarpée, d'une teinte jaune neutre atténuant les lignes. Vers le large, des fumées, à l'horizon, couronnent des points grandissant rapidement au fur et à mesure que nous avançons. C'est l'escadre de la Mer Noire au complet : cuirassés, croiseurs et torpilleurs réunis, évoluant. Le hasard nous fait croiser de près le *Kniaz-Potemkine,* revenu de ses retentissantes erreurs passées, et naviguant de conserve avec les autres; enfant prodigue repenti. Cette flotte, vue d'un coup d'œil averti, ne saurait offrir l'impression de puissance que donnent les grandes armées navales destinées aux grandes évolutions hauturières, puisque, dans l'état actuel, son champ d'action se limite à la Mer Noire et à son adversaire éventuel, la Turquie, chez laquelle les choses de la mer sont condamnées à demeurer au second plan, pour deux raisons, qui dispensent de toutes autres : pénurie d'argent et défaut d'équipages.

Aussi peut-on trouver l'effort maritime russe, même restreint, supérieur à l'objectif visé... si celui-ci est de rester à jamais confiné dans la Mer Noire.

Telle qu'elle est, la flotte de la Mer Noire représentait pour l'Empire un appoint dans sa lutte contre le Japon. Elle serait pour nous, au service de l'Alliance, un considérable adjuvant. Mais ces cuirassés, ces torpilleurs, ces unités en attente que nous verrons tantôt dans le port, ce submersible que nous rencontrerons en sortant, frère d'autres sans doute, toute cette force est perdue pour notre Alliée, pour notre race, que la Russie représentait dans sa lutte contre le Japon : et perdue parce que les traités de 1855 ont embouteillé l'action maritime moscovite dans le Sud !

Le prix de ces traités qui, aujourd'hui, mutilent, diminuent, humilient la Russie, a représenté pour nous plus d'un milliard et 80 000 hommes, contre un peu de gloire, trop tôt effacée par nos désastres de l'Année Terrible.

Connaissez-vous un exemple plus frappant de l'inanité des choses, de la faiblesse des prévisions humaines, de cette incertitude du lendemain dont je vous entretenais déjà à propos de Navarin ?

Dans une tonalité uniforme, une côte

nue, ondulée ; quelques mamelons saillants, parmi lesquels celui de Malakoff, qu'on me désigne ; l'ensemble adossé à des collines plus hautes, taillées en arêtes vives ; un étroit goulet flanqué de grosses tours rondes ; un bassin naturel oblong — où sont mouillés une frégate-école et un yacht officiel, fort laid, — se terminant en deux darses, naturelles elles aussi ; des navires désarmés ; dans le fond, une haute digue désigne l'arsenal ; contre l'appontement où nous accostons, près d'un poste de tout petits torpilleurs, une série d'autres, du même type, sont tirés à terre, en réparation.

Chaque hauteur se couronne d'un monument : temple, chapelle, vastes casernements. Par ces vallonnements, entre ces hauteurs, montent des rangées de maisons basses, assez misérables. Le tout sans le moindre caractère et très incomparable, assurément, à ce que sont Brest ou Toulon. Sébastopol compte 50 000 habitants en tout, d'ailleurs. Voilà les lieux célèbres, sacrés pour nous, où se joua un instant la destinée du monde.

*
* *

Le siège de 1854-55 a détruit la ville. Je doute que l'ancienne fût moins morose et moins revêche.

« N'est ce pas, monsieur, me dit en bon français un officier russe, passager à bord, qu'on ne croirait jamais, de nos jours, qu'il ait fallu tant de temps, tant de sang pour prendre cela? »

Le fait est...

Un coquet « panier à ombrelle », analogue à ceux de nos stations estivales et conduit par un cocher à longue barbe blanche, type classique du vieux moujik, nous fait, de la seule place convenable, près de l'embarcadère, parcourir la ville, sans intérêt, sans même cette animation qui constitue un charme, dans les grandes places militaires. Nous grimpons, en suivant les rails d'un petit tram électrique, jusqu'au lieudit le Panorama ; une plate-forme, superbement placée, d'où l'œil embrasse l'ensemble de la place. Un grand « Panorama » y a été édifié, justement. C'est l'occasion de noter sur place, par une reconstitution frappante, le souvenir d'une de nos grandes pages militaires. Nous entrons. Un rouble — 2 fr. 65 — par tête. C'est pour rien. Et nous nous trouvons en face d'une toile banale représentant... un épisode de la guerre du Caucase. Nous fuyons, pleins de déception.

En redescendant au port, nous visitons le cimetière fraternel où nos adversaires d'hier et tant des nôtres dorment leur dernier sommeil ; puis, le petit, mais beau musée officiel du siège. Armes, canons, modèles de navires, trophées, portraits des souverains et des chefs russes, naturellement. Quelques gravures et tableaux russes, anglais, français. Nombre de caricatures de l'époque, surtout françaises. Il est manifeste que nos zouaves ont, de toutes les troupes qui participèrent au siège, laissé surtout un souvenir dans les imaginations. Dans une vitrine, le képi en velours cramoisi de Canrobert. Tout cela classé, astiqué et dénué de ce sentiment d'exaltation du sens national qui rend le musée de l'armée, à Tokio... et même tout simplement le nôtre, à Paris, si vivants et si impressionnants.

Le soir, lorsque nous regagnons notre bord, par cette cité lugubre, sise en un cadre plus lugubre encore, une pensée nous étreint, dominante, angoissante aussi : celle de tous les nôtres qui reposent en cette terre ingrate, aux restes desquels est si rare la visite d'un Français. Ces braves sont morts là, pour quoi? Pour rien, sans doute, puisque l'actuelle jeune génération sait à peine leur sacrifice, si proche de nous pourtant encore.

Nous quittons ces lieux, le cœur plein d'une infinie tristesse...

EN MER NOIRE

Le même soir, nous appareillons. La côte, que nous suivons, d'abord basse, et remontant en pente douce vers l'intérieur, s'exhausse peu à peu, pour se transformer en montagnes tombant à pic dans la mer. Le paysage devient grandiose et sauvage. Derrière un cap écroulé en chaos, gît, coupé en deux, un grand vapeur comme pour accentuer encore la sévérité de l'ensemble. Puis, tout à coup, sans transition, à flanc de falaise, des vignes, des forêts, des villas, des palais même, des villages, se détachant sur le fond sombre de la montagne. Un palais plus grand, adossé à un autre, neuf : Livadia, la résidence de l'Empereur. Et, tout de suite, dans un admirable cirque naturel : Yalta, la Nice russe. Russe est vrai. Nice est exagéré. Ni autos, ni palaces, ni yachting. Mais le site est vraiment enchanteur. A terre, où l'accostage à quai, ici encore, nous permet de nous rendre, des hôtels, quelques-uns français, d'étiquette, tout au moins. Une rue longe la plage, bordée de théâtres-concerts et de magasins, où je remarque l'emploi de la boîte à boules, pour compter, comme en Chine! La porte du Monde Jaune est pourtant loin, et, cependant, l'empreinte asiatique est là, déjà.

*
* *

Nous nous rembarquons pour Théodosie, où le *Poutschkine* arrive le lendemain. Port superbe, tout neuf, vaste, et à peu près vide.

Il fut construit comme centre de quarantaine russe pour toute la Mer Noire. En effet, des cases mi-rondes, en tôle, s'allongent le long des quais. Excellente idée. Les gens qu'on met là l'été ne doivent en sortir que cuits, les « pieds devant », et résorber le mal ainsi sur place. Vu la ville de notre bord, d'où l'on apercevait fort bien, à la jumelle, les belles ruines génoises. Nous avons aussi bien fait, je crois, en dépit des lignes dithyrambiques du guide que distribue la Compagnie Russe, en français, comme presque tout ce qui n'est pas en russe en ce pays : constatation flatteuse pour nous.

*
* *

Nous contournons la Crimée, dont nous côtoyons les rivages assez près pour en suivre les détails. C'est maintenant un pays fait d'ondulations basses, sans un arbre, et auquel cette nudité extrême donne un caractère morne. Mais, pour le coup, quelle richesse, en cette région! De la passerelle, nous distinguons nettement les champs immenses de céréales, battues sur place par des batteries locomobiles. De-ci de-là des vapeurs sont accostés à des wharfs, dont l'état moyen de la mer dans ces parages et le défaut de marées permettent l'emploi; et l'on conçoit, en voyant tout cela, que les produits agricoles, se trouvant ainsi transportés directement du lieu de production au navire, puissent arriver en quantités énormes dans les centres de consommation à des prix ruineux pour les producteurs occidentaux. La protection s'imposait donc. Est-ce à dire qu'on n'ait point eu tort de ne pas la tempérer, chez nous, par des mesures limitées, propres à seconder mieux notre action commerciale et maritime, telles que l'adoption des zones franches, et, plus encore, par un système de jonctionnement entre nos interventions financières extérieures et les avantages à faire réserver par nos emprunteurs en faveur de notre industrie? Cela est une autre question, que je veux seulement, pour rester dant le caractère de ces notes, indiquer en passant, sans l'approfondir.

Nous nous engageons dans le détroit de Kertsch, qui relie la mer d'Azof à la Mer Noire. Point stratégique important et formidablement fortifié, à en juger par la forêt de manches à vent qui aèrent les casemates dont la pointe sud de la baie, où est située la ville, est jalonnée.

Dépense peut-être bien inutile aussi, car le chenal est, par défaut d'eau, d'une sinuosité extrême, dans cette nappe aux rives basses. Il est balisé d'une façon très serrée; et seul, l'enlèvement de ce balisage suffirait à rendre impraticable l'accès du détroit. Puis, peut-on sérieusement supposer la flotte turque, la seule intéressée en l'espèce, et déjà bien empêchée jusqu'ici de rayonner un peu loin, allant jamais se faire enfermer dans la mer d'Azof? Tous les gouvernements ont donc de ces accès d'irrésistible mégalomanie, comme nous-mêmes en eûmes, avec nos Points d'Appui de la Flotte, conception mort-née, pas assez vite périmée cependant pour n'avoir pas été bien onéreuse; ou bien comme les Belges en furent atteints, lorsqu'ils construisirent contre nous, sans doute, sinon contre les Anglais... à moins que ce ne soit, un jour, contre les Allemands, ces colossales fortifications de Chinkakassa, au Congo, eux qui ne possèdent pas même un aviso pour défendre leur politique coloniale. C'est affaire à chacun. Mais ces parallèles parlent trop d'eux-mêmes pour n'être pas signalés incidemment.

Le *Poutschkine* jette l'ancre très au large.

Kertsch est trop loin de notre mouillage, pour que nous nous décidions à y aller. Puis il nous faudrait nous embarquer dans le vieux vapeur à aubes où s'entasse la foule bigarrée des débarquants. Nous renonçons. D'ailleurs, rien à voir, nous affirme-t-on. Rien que l'ouverture de la mer d'Azof. Cela vaut une mention et pas plus.

Le soir, nous accoste un remorqueur de l'État, reluisant comme un yacht; matelots en grande tenue; sur la passerelle, un patron à longue barbe rutilante, casquette et tunique blanches, imposant, tel un amiral. Ce sont des passagers de marque que l'on nous amène. Empressé, le commandant se précipite; deux dames montent l'échelle : une échelle articulée, d'un type que nos bateaux feraient bien de substituer à leur minable et dangereuse installation sous ce rapport, soit dit en passant. L'une des dames est démesurément grande; l'autre, âgée, à profil de cacatoès. Un personnage obèse et décoré les suit, les baise sur la bouche, et s'en retourne à son remorqueur en gratifiant tout le bateau d'un sec coup circulaire de sa casquette. Adieux privés dans la forme officielle. Et cette minuscule et brève scène est pleine de piquant.

Le vieux remorqueur à roues nous ramène la foule des passagers. Où diable va-t-on loger tout ce monde sur le *Poutschkine*, dont la taille, pour un paquebot, est plutôt exiguë? Eh bien, tout cela se loge très bien; et j'ai, une fois de plus, la preuve de l'incroyable faculté de capacité d'un navire. Puis, ici, c'est comme aux départs de nos grands trains; beaucoup de gens sont venus pour accompagner, et trouver là sans doute une des principales distractions que puisse leur offrir la vie à Kertsch.

Par un lever de lune paradoxal d'intensité, nous partons. Comment va s'en tirer le navire, dans les méandres de ces eaux sans fond, en dépit de l'éclairage bien établi sans doute, mais inapte à suppléer au balisage diurne, très méticuleux, et qui pourtant ne nous a pas empêchés de marner au milieu de la rade en arrivant. Lentement, nous serpentons entre les lumières de Kertsch et les immenses usines, toutes neuves et délaissées déjà, édifiées en face de la ville. Malgré la prudence avec laquelle nous avançons, nous talonnons une fois. Et cela est la démonstration matérielle de l'idée bizarre qu'ont eue les Russes d'engloutir là tant d'argent en fortifications, quand la nature leur faisait le présent, bien fâcheux, il est vrai, au point de vue de la navigation normale, de défendre gratuitement l'accès de la mer d'Azof et du Don?

Enfin, nous voilà au large. La nuit, encore une escale, dans un trou insignifiant, Anapa, et, le lendemain, nous nous réveillons à Novorossik.

Novorossik est le troisième port russe important depuis Odessa, avec le port sanitaire de Théodosie. Mais si les deux autres sont conçus suivant les onéreuses méthodes chères aux Ponts et Chaussées, par contre, celui de Novorossik pourrait, comme certains ports du Nord-Amérique, servir de modèle à plus d'un technicien occidental, et démontrer comment, avec un minimum de frais, il est possible d'assurer, par une judicieuse pratique, l'établissement d'un outillage public réunissant un maximum de rapidité d'exécution et de capacité à la connexion nécessaire entre les points de production ou de concentration des marchandises et la marine, chargée d'offrir à ceux-ci le débouché extérieur.

Le pétrole est venu apporter au trafic de céréales qui se faisait à Novorossik l'appoint considérable de son fret. Une langue de terre, au Nord, ferme jusqu'au rivage la baie, vaste et profonde. Au Sud, une belle digue a complété l'œuvre de la nature ; et, dans le fond du port, perpendiculaires à la berge, de vastes appontements, en simples pilotis, munis chacun de doubles voies et d'appareils surélevés pour déverser directement les matières dans les cales des navires, ont été établis, de manière à obtenir, avec le maximum de gain de temps, la plus grande économie de main-d'œuvre. Le mouvement maritime est intense, sous des pavillons très divers, où dominent les couleurs russes. Un beau paquebot français, de la compagnie Paquet, est présent lors de notre passage. Encore un vapeur de sauvetage, anglais.

Ces détails n'intéressent pas seulement les techniciens et les exploitants, croyez-le. Ils nous regardent directement, parce qu'ils sont démonstratifs des méthodes employées par les peuples naissant à la vie économique et qui sont nos concurrents certains, pour l'avenir, sinon déjà dans le présent.

Vue du bord, Novorossik, située dans un vaste cirque, sur les deux côtés duquel elle déborde en un mince ruban, ponctué de quelques très belles usines, toutes neuves, n'est pas déplaisante d'aspect. A terre, comme tant de fois cela nous arrive, l'impression change. Et c'est à travers une série d'abominables bâtisses, construites à la diable, toutes récentes et pourtant délabrées, bordant de larges voies, à angle droit, très défoncées, empoussiérées, brûlantes en cette saison, comme elles doivent être glaciales en hiver, que nous cahote une guimbarde grinçante. Une grande ville tout de même, avec ses 38 000 habitants, implantés là, dans un de ces surgissements urbains, rares en Europe, si fréquents dans l'Ouest Américain.

Pays primitif, mais qui doit sa vie à l'industrie et montre, sous certains côtés, un caractère, certes inattendu, de progrès. Ainsi, des autobus desservent régulièrement les environs, en dépit de l'état des routes; des canots automobiles sillonnent la rade. Et, quand nous regagnons le large, nous défilons devant de jolis cottages, tout flambants neufs, demeures des privilégiés venus mettre en valeur un centre nouveau, mais en ayant, non sans raison, autant qu'ils l'ont pu, isolé leur home.

*
* *

Nous entrons, dès Novorossik, dans la partie la plus pittoresque de la navigation en Mer Noire orientale. Nous allons, jusqu'à Batoum, longer le rivage, boisé, fertile, plaqué sur le Caucase couronné de hautes cimes neigeuses. Nous suivrons maintenant la chaîne jusqu'à Batoum. C'est une succession ininterrompue de grandioses points de vue qui défilent devant nos yeux. Voici Djougba, où la découverte de gisements de pétrole produit en ce moment même un rush international; Touapsé, gracieuse station; Sotchi, où un palace hôtel, toute une théorie de villas dans la verdure, justifient déjà le titre de grand centre balnéaire; Adler, encore embryonnaire, et qu'une sorte de barre doit souvent gêner dans ses relations avec le large. J'indique ces belles régions, si peu connues, au choix des exilés de l'avenir.

Maintenant, jour et nuit, le *Poutschkine* fait escale sur escale, comme un simple bateau-omnibus : Gagny, Goudaouty; puis Nouvel-Athos, où des moines orthodoxes, venus du Mont-Athos, ont édifié, dans un site magnifique, un luxueux couvent, d'où, à l'encontre de ce qui existe au célèbre Mont, le sexe féminin, animal et humain, n'est nullement exclu. Bien au contraire, l'affluence y est considérable; dans de grandes barcasses, barrées par des moines barbus, bottés, en longues tuniques grises, les visiteurs débarquent, par douzaines, du *Poutschkine,* et s'entassent, pêle-mêle. Un vieux général très distingué, en tenue, ses ordres plaqués sur sa tunique kaki; un pensionnat de demoiselles conduites par une institutrice convenablement rébarbative; des moujiks malpropres; des gradés et des soldats, bottés, serrés dans la blouse nationale; quelques dames en chapeau. Et, dans cette promiscuité consentie, apparaît de nouveau bien nettement à mes yeux le côté vraiment démocratique, très indépendant et fort égalitaire du caractère russe, dont la constatation, non seulement surprend, mais dément singulièrement nos idées occidentales à ce propos.

Voici encore Soukhoum, une gracieuse

plage; ensuite, dans la nuit, Otchem, Ary, Poti.

Nous aurons fait dix-neuf escales en six jours! Je me demande comment l'équipage et le personnel, noyés dans un flot de centaines de passagers, qui s'est renouvelé deux ou trois fois au cours du voyage, ont pu résister à un tel surmenage; fait courant sans doute, puisque le *Poutschkine* doit repartir le soir même de son arrivée à Batoum, pour regagner Odessa par la même voie.

S'il fallait demander à nos bons Inscrits de fournir semblable effort?...

*
* *

On m'avait annoncé cette navigation de Novorossik à Batoum comme une pure merveille, vous ai-je dit. Les éloges préalables sont parfois fâcheux, parce qu'ils diminuent l'effet perçu à la vue des choses, en raison de la préopinion qu'on s'en est faite. Je n'ai, là, rien éprouvé de pareil : dès Novorossik, apparaissent les premiers contreforts du Caucase. Derrière les collines boisées, dont la végétation touche à la mer, suivies par une route en corniche, coupées çà et là de vallées fertiles ou semées de villas et de villages, de belles cultures, apparaissent peu à peu, au fur et à mesure que l'on descend vers le Sud, les cimes de la chaîne monstrueuse. Les pics se précisent, couverts de neige. Leur masse semble d'autant plus formidable, que leurs altitudes de près de 5 000 mètres surgissent de la mer avec la seule transition de quelques escarpements. Et, pendant tout un jour, du pont du navire, qui longe de tout près la côte, si près que par moment l'on croirait naviguer sur une rivière... qui n'aurait qu'une rive, on voit se dérouler simultanément ce spectacle unique sous des aspects changeant de minute en minute : la mer, les sites gracieux du rivage, la forêt, la montagne écrasante de grandeur et de sauvagerie.

A bord, le coup d'œil serait, pour un peu, presque aussi intéressant. D'un point à l'autre, c'est un va-et-vient nombreux et incessant, disais-je. A partir de Novorossik, on voit, d'escale en escale, cesser le monde russe et commencer le monde asiatique; l'empreinte russe continue à se manifester par les officiers, les messieurs à casquettes ornées d'emblèmes variés. Mais la foule des passagers de pont a, elle, changé. Les tarbouchs réapparaissent; nombreux aussi sont de grands turbans lâches, — nœud noir posé sur la tête, plutôt que turban, — ornés d'un gros gland tombant dans le dos; ceux-là sont des Mingréliens; quelques paysans turcs, haillonneux et farouches; des prêtres orthodoxes à tête d'apôtre, les longs cheveux tombants sur leur robe biblique; des paysans de la montagne, en culotte bouffante, serrée à mi-jambe jusqu'aux pieds; des rabbins, long manteau noir, leurs boucles débordant d'un chapeau melon, âgé; des Arméniens; puis la foule des gens indéfinissables, nippés d'innombrables défroques occidentales. Enfin, des Circassiens, des Géorgiens, coiffés de leurs énormes bonnets d'astrakan, la poitrine barrée de cartouchières, la longue lévite tombant jusqu'aux bottes souples, sans talons. Quelques-uns de ces hommes à bonnet, des chefs, représentent le type le plus beau, le plus pur, la plus noble expression de notre race arienne. Dommage que ces splendides gaillards, au regard si clair, si intelligent, d'allure si courageuse, soient, me dit-on, presque complètement inaptes à tout, sauf à parader et à guerroyer, quand ils en trouvent l'occasion.

Par une sage politique, la Russie a conservé aux hobereaux du Caucase leur qualité de princes, qui leur donne, à Pétersbourg, droit au titre et aux honneurs d'Altesse. Elle les emploie même autant qu'elle le peut dans son armée du Caucase; et la mesure est avisée, car la grande Chaîne n'est encore ni sûre, ni même accessible partout. Une contrée aussi difficile sur une étendue si vaste demandera des années encore pour accéder au mouvement général; et ce ne sont pas les quarante et quelques années depuis lesquelles les Russes sont effectivement, sinon théoriquement, au Caucase, qui ont pu leur permettre d'avoir le pays efficacement en main.

Leur méthode, consistant à attirer à eux les Caucasiens, par l'armée et les honneurs, est donc très justifiée, quelques critiques qu'elle soulève en certains milieux russes de la région caucasique.

Un fond de hautes montagnes neigeuses, dernières altitudes du Petit Caucase; une végétation luxuriante, partant de la côte basse, le long de laquelle s'allonge la ville; des maisons, émerge le dôme d'une église grecque, où nous verrons, en trophées, des canons turcs, comme, dans les temples du Japon, nous avons vu devant chaque monument des canons russes : retour des choses; un minaret, des collines anguleuses, ponctuées d'habitations; un port où sont mouillés quelques vapeurs; deux petits navires de guerre russes; une flottille de voiliers petits et moyens, de goélettes grecques, turques de fait, par le pavillon; à l'Est, une batterie de gros réservoirs à pétrole, terminus de la « pipe-line » venant de la Caspienne; à l'Ouest, une belle promenade longeant la mer. Tout cela sous un ciel bas, noir, humide et chaud... Un ciel d'Afrique équatoriale.

C'est Batoum : un village turc de quelques misérables huttes de pêcheurs, quand les Russes en prirent possession après la guerre de 1876; aujourd'hui une ville de 40 000 habitants, médiocrement bâtie, d'empreinte russe, mais où se décèle à chaque pas l'Orient : Orient tempéré par le progrès, représenté ici par un skating, des « Luttes de Dames », et une troupe de nains que nous montra, il y a deux ans, le Jardin d'Acclimatation. Excusez du peu!

Le port est médiocre, comme inachevé;

ses quais tournés sans protection vers le large, et intenables, paraît-il, aux navires, dès qu'il y a de la mer. Plus au Nord, à Poti, où nous touchâmes avec le *Poutschkine,* les Russes viennent d'achever un autre port, que l'on dit bien; nous le vîmes seulement de nuit. Une ramification du chemin de fer transcaucasien aboutit à Poti, et évite le long trajet en corniche que suit le railway avant d'arriver à Batoum. Il y a là, évidemment, dualité d'effort, et, logiquement, Poti doit se développer aux dépens de Batoum, qui restera en tout cas une place forte... où la photographie, est de ce chef, interdite.

EN TRANSCAUCASIE

A en juger par ce que j'entends depuis que je suis en territoire russe, l'immense Empire frémit encore de l'effroyable crise par laquelle il est passé en 1905-1906. S'est-on bien rendu compte, au dehors, de ce qu'elle fut? Une grande et désastreuse guerre sur les bras; des revers navals aussi graves que le fut pour nous Sedan; une insurrection intérieure généralisée, génératrice des pires crimes de droit commun, aggravée sur plus d'un point, surtout dans le Caucase, de luttes de races surgies à la faveur du relâchement obligé de l'autorité. A entendre parler de la « Révolution », comme on dit couramment ici, on comprend alors pourquoi les Russes ont renoncé, contre les Japonais, à la campagne de temporisation conforme à leurs méthodes passées et qui leur permit, jadis, d'abattre Napoléon. On le sait aujourd'hui : le Japon était à bout d'efforts et de ressources; l'armée russe de Mandchourie avait reculé, mais elle était encore intacte, et son recul la rapprochait de sa base, tandis qu'il éloignait de la leur les Japonais; les réserves moscovites étaient inépuisables. La Russie a cédé parce qu'un formidable craquement faisait trembler l'Empire sur son assise même et l'obligeait à tourner l'emploi de ses forces plus vers la répression intérieure et la défense du trône que vers celle de son honneur national et du prestige de notre race. Elle a cédé, surtout, parce qu'il fallait impérieusement au Pouvoir disposer des quelque cent mille cosaques dont la fidélité sûre était nécessaire au rétablissement de l'autorité. C'est la civilisation blanche tout entière qui paiera quelque jour les revers des Russes.

« Que fut la répression? » ne manquais-je

jamais de demander à ceux de mes interlocuteurs qui me parlaient de la Révolution.

« Les circonstances l'ont partout rendue très inégale et souvent maladroite, me répondait-on le plus souvent. Tantôt, par impuissance matérielle sans doute, les autorités laissaient faire. Ainsi, à Batoum, tous les établissements importants, toutes les banques, sauf la Banque d'État, fortement et spécialement gardée, ont été pillés et rançonnés. A un certain moment, la poste ne passait qu'escortée de cosaques, traversant la ville ventre à terre. Les assassinats, les bombes ne se comptaient plus. Puis, un beau jour, des cosaques sont arrivés; et, à ce moment, le châtiment, que ne justifiait alors aucun fait immédiat, a été terrible et appliqué sans discernement. »

Depuis, les Russes se sont ressaisis. Ils ont appliqué avec méthode la « manière forte » qui leur est particulière, et qui, il faut bien le dire, si elle peut choquer notre sensiblerie d'Occidentaux, se justifie pleinement en ces pays. On ne l'y sent pas. On l'y voit. A chaque angle de rue, un agent, ganté de blanc, mais le revolver et le sabre au côté, surveille son bloc. De place en place, une police locale, composée de gardes en costume géorgien, à longue culotte enserrant les jambes, veste brodée, la tête ceinte d'un turban lâche tombant en voile dans le dos, la cartouchière ceinturant la poitrine en baudrier, veille, le fusil en main : silhouettes très patibulaires de « gardiens de la paix publique ».

Encore à l'heure actuelle, il serait sans doute exagéré de dire que le pays soit sûr. Sinon pour nous, touristes, qui passons, tout au moins pour ceux qui l'habitent, y occupant une situation en vue.

Une nuit à l'Hôtel de France, à Batoum. « Les Hôtel de France » abondent, ai-je dit, dans toute cette partie de la Russie, depuis Odessa. Celui de Batoum offre cette particularité que, tenu par des Géorgiens, personne n'y parle français. Ce qui ne l'empêche pas de servir à ses clients d'excellente cuisine, où d'imposants buissons d'écrevisses, de délectables caviars, là comme ailleurs, en ces pays, tiennent la place d'honneur.

Et, en réglant mon compte, je note ce détail qui montre combien on peut parfois trouver le progrès là où on l'attend le moins : cet hôtel de Batoum a résolu très simplement l'horripilant problème des pourboires dans lequel, nous autres Occidentaux, pataugeons depuis si longtemps sans en sortir. Solution très simple : le service de chambre est majoré de 15 pour 100, celui de table de 10 pour 100, portés à part, pour le pourboire. Si bien que vous éprouvez là cette satisfaction, inconnue partout ailleurs, de quitter votre demeure d'un jour, sans avoir à subir la haie des courbettes, des sourires obséquieux, les affres du doute sur la répartition équitable du tribut entre ces quémandeurs, ni leur inimitable regard quand la prébende est pour eux une déception. O palaces solennels et snobs, écorchoirs prétentieux des centres à autos et des plages à la mode, hôtels des Trous-pas-chers, faut-il que ce soit de Batoum que vous vienne la leçon de sens pratique?...

*
* *

En quelque seize heures, un train doit nous conduire à Tiflis; 300 verstes environ de Batoum, soit 320 kilomètres. Les trains russes ont la palme de la lenteur, et le plus « Éclair » d'entre eux, entre Moscou et Saint-Pétersbourg, atteint, paraît-il, difficilement le 50 à l'heure.

Un ticket spécial nous réserve, pour nous seuls, un compartiment à trois, avec couchettes, moyennant très légère plus-value.

A votre tour la leçon, inconfortables chemins de fer de ma patrie!

Dans la gare, un véritable kaléidoscope de costumes : Turcs en turban, fileté d'or pour ceux qui furent à la Mecque; vert pour les descendants du Prophète, innombrable postérité; blanc pour les Ulémas. Des Circassiens, des Mingréliens, des Géorgiens, des Russes. Peu de simples tenues civiles. Est-ce à dire que le pittoresque des costumes ne soit pas menacé, ici encore? Hélas! j'en eus pour preuve un superbe Circassien, en vêtements d'apparat, mais dont le chef s'ornait d'un de ces affreux casques en ouffa, très en honneur en Russie Méridionale; puis un correct itvoschnick privé, conduisant un bel attelage et qui avait jugé bon de substituer, contre la pluie menaçante, un horrible suroit, au chapeau bas à boucle, si original.

Dans vingt ans, les admirables et variés costumes qui donnent tant de cachet à toute cette partie de l'Asie ne s'y porteront plus, j'en ai bien peur, que dans les campagnes reculées, où ne va guère le touriste. Plaignons nos descendants, destinés à voir l'humanité tout entière en complet veston et coiffée de l'affreux melon.

*
* *

Dans un coin de la salle d'attente, un autel d'où se détache une grande icone. Des cierges brûlent : hommage à la religion officielle? invocation au ciel contre les accidents de chemins de fer? Ces autels, nous les retrouverons dans toutes les grandes gares, et, partout, comme à bord du *Poutschkine,* nous verrons des icones. Cependant, en Russie, et surtout dans cette partie de l'Empire, les religions sont nombreuses, et aussi, sans doute, l'élément irréligieux; pourtant, nul ne se moque, pas plus que n'est raillé le musulman faisant sa prière en place publique. Vous figurez-vous un autel de la Vierge dans une de nos salles des pas-perdus de gare, ou un fidèle s'agenouillant en plein boulevard à l'heure de l'angélus? Que de quolibets et de bruit!

Et pourtant, la Russie est le pays de l'absolutisme orthodoxe, et nous, celui où triomphe un libéralisme, parfois exagéré, d'ailleurs. Mais, à notre insu même, notre libéralisme, à nous, en est encore à la période de formation, et cela le rend turbulent, incertain, inégal, et parfois même... intolérant. Seulement, nul en France n'a notion de cela.

Au moment où je monte dans l'express, le rapide, ou le « passager », appellations qui servent ici à distinguer des trains de lenteur identique, un jeune homme en tarbouch m'interpelle, et dans le plus pur français : « Monsieur, vous perdez quelque chose. » C'est un menu objet quelconque tombé de ma couverture. Je le remercie et, par curiosité : « Où donc avez-vous appris le français? » lui demandé-je. « Chez les Frères, à Trébizonde. » A la même question, souvent posée au cours de ce voyage, tel autre, un Persan, me dira : « Chez les Lazaristes, en Perse » ; un autre : « Chez les Frères ». Et partout je retrouverai l'effet de cette propagation de notre langue par des œuvres religieuses, vaillamment mises au service de notre influence nationale, alors que notre Nation se dissocie d'elles chaque jour davantage.

Les œuvres des Missions poursuivent, assurément, un but confessionnel et non politique. Les effets de leur propagande sont tangibles dans tout l'Orient. Maintenant, dans quelle mesure celle-ci sert-elle notre politique, et, davantage encore, nos intérêts économiques, seule raison d'être de l'effort en nos temps de compétition pour la plus grande expansion de la part de chaque grande Nation? Ceci est une autre question; trop grave pour que je veuille faire autre chose que de la mentionner en passant, et signaler, après bien d'autres plus autorisés, avec quel doigté, quelle prudence doivent être traités les rapports entre la Métropole et les œuvres religieuses de rayonnement français en Orient.

Quelques gendarmes en armes montent dans notre train, de même que nous verrons, dans chaque convoi rencontré, des piquets de gendarmes ou de soldats, et, le long de la ligne, quelques postes. Prudence préventive, évidemment, et surtout, sans doute, trace des troubles passés. Nous traversons les faubourgs, hideux comme une cité ouvrière dont les maisons seraient remplacées par d'immondes bicoques et la population par un panaché de races déracinées luttant de saleté; les vastes bâtiments, maintenant abandonnés et en partie effondrés, où se manutentionnait jadis l'encaissage des pétroles : opération rendue inutile maintenant qu'une canalisation amène directement à Batoum la partie de production de Bakou que ne suffiraient plus à transporter les wagons-citernes, et que, des énormes réservoirs métalliques dont la batterie s'étend à l'extrémité de la ville, le liquide passe directement en vrac dans les soutes des navires affectés spécialement à ce trafic.

Nous dépassons une sorte d'arsenal où, envahis par l'herbe, gisent quelques gros affûts. Enfin nous voici le long de la mer, sur une belle corniche d'où, vue de loin, Batoum reprend son aspect aimable. La vegétation sur ces derniers contreforts du Petit-Caucase, abrités du Nord, est d'une extraordinaire luxuriance; des villas, quelques-unes jolies. La surface de ce pays est riante. Qui sait quelles haines y couvent, révélées de temps en temps par un de ces actes violents que l'on vous raconte ici couramment, comme menue monnaie de faits divers.

*
* *

La voie est admirablement bien entretenue, sans que, sur tout le parcours effectué, cet entretien doive un instant se démentir; pas un brin d'herbe; de petites bordures empierrées ou en pierres taillées courent le long de la plate-forme ballastée; dans la traversée des agglomérations, aux passages à niveau, les clôtures et les barrières sont ingénieusement constituées de vieilles éclisses assemblées par un boulonnage et soigneusement peintes. Les butoirs sont faits de rails cintrés, pratiquement et économiquement combinés. Les locomotives, chauffées au pétrole, sont soignées, mais peu puissantes.

La porte de notre compartiment s'ouvre; un imposant cortège apparaît : un monsieur bien mis, coiffé de l'inévitable casquette à emblème et suivi du chef des chefs de train, suivi lui-même des chefs de train; ceux-ci, en longue blouse blanche, double bâton-signal rouge et vert suspendu à la ceinture, large culotte noire bouffante, et, naturellement, de hautes bottes, sont affectés à la garde et à l'entretien des wagons : ces derniers, tous à couchettes superposées, même les troisièmes, et irréprochablement tenus, par les soins de préposés spéciaux chargés de les balayer et de « faire le ménage » pendant tout le trajet; une sonnerie électrique placée dans chaque compartiment met ce personnel à la disposition constante du voyageur. Venez, graves Chefs de Services, éminents Ingénieurs de nos chemins de fer, venez au Caucase voir comment on sait avoir souci du confort du voyageur et lui rendre supportables les plus longs trajets, pour lesquels on lui demande moitié du prix que le bon public français paie à vos guichets, pour être trimballé, encaqué dans des voitures le plus souvent malpropres, où vous le laissez sans surveillance ni aide éventuelle; venez, observez et tâchez de vous pénétrer du système russe d'exploitation pour nous en faire bénéficier. Par échange de politesses, vous apprendrez à vos collègues de là-bas la manière de faire marcher leurs trains un peu plus vite qu'un sapin en maraude, et à éclairer la nuit, autrement que par une bougie, leurs beaux compartiments, rendus plus spacieux encore par le large écartement de la voie russe : Ainsi, les deux peuples « amis et alliés » y gagneront tous deux.

Donc, le cortège se présente. J'ai un moment de trouble, je l'avoue, devant son imposant apparat. Serais-je signalé comme dangereux? Ai-je pris des photos en lieu prohibé? Ai-je bien mon passeport et va-t-on me reconduire à la frontière? Je l'ai. Je respire un peu.

« Billiett! » me dit laconiquement le monsieur bien mis. Il ne s'agit que de me prendre mon billet. Je le remets avec empressement, note la formalité pour l'avenir, de façon à me prémunir contre toute émotion. Et le cortège se retire, continuant le même office le long du train.

En Russie, tout se passe avec la même solennité et la même surabondance de personnel.

*
* *

Un long plateau semé de fougères ; à l'horizon, de chaque côté les altitudes neigeuses des deux chaînes caucasiques. Puis une suite de forêts coupée de vastes plaines, où, culture unique, s'allongent à l'infini des champs de maïs ponctués de cabanes montées sur pilotis, des maisons assez soignées, couvertes de tuiles de bois : c'est la Mingrélie, fertile et paludéenne.

Le paysage se resserre ; nous grimpons, tirés par une locomotive double, type Mallet, la rampe qui doit nous faire franchir le col, au point de jonction des deux Caucase et d'où le Petit-Caucase se dirige au Sud, vers la Perse. Suite d'admirables sites, dans des gorges resserrées, cultivées avec soin, cependant, et rendues plus pittoresques encore par le nombre des belles ruines qui couronnent chaque pic. Certains coins rappellent singulièrement notre Rouergue, avec, en plus, le charme des costumes : de ces superbes costumes circassiens, par tous portés, même par les gens riches et cultivés, et dont les Russes ont fait la tenue de leurs cosaques.

Nous franchissons le col en un long tunnel puissamment éclairé au moyen de lampes électriques : encore une curiosité que nos vaillants techniciens officiels feraient bien d'aller voir.

Et nous débouchons dans le bassin de la Kura, qui passe à Tiflis, avant de se jeter dans la Caspienne, vers la frontière de Perse.

Le caractère du pays, phénomène maintes fois constaté, change sans transition, d'un versant à l'autre; plus d'arbres : des hauteurs dénudées au pied desquelles s'étend une succession de plaines cultivées, médiocrement, en céréales.

La race a changé aussi : maintenant c'est l'élément tartare qui domine nettement.

L'ensemble est dur, presque farouche. Et l'on éprouve un bien-être très définissable à se dire qu'on ne fera que traverser cela, sans y demeurer...

TIFLIS

Nous arrivons à Tiflis tard dans la soirée. Et, tout de suite, nous retrouvons ce souci extérieur de la sécurité publique qui frappe si vivement quiconque arrive en Russie : entre les deux voies du tramway électrique, récemment installé par une Compagnie belge et reliant à la ville la gare très éloignée, stationne, tous les deux cents mètres, un agent armé, toujours un Russe, assisté d'un singulier personnage, ayant, comme signe distinctif, un énorme gourdin, et... un tablier blanc. « Ces gens sont, m'explique-t-on, les « portiers », policiers privés assermentés, organisés depuis la Révolution et payés par les particuliers dont ils gardent le quartier immédiat. »

L'idée d'adjoindre, dans un pays qui fut

troublé et peut le redevenir, une police auxiliaire chargée de veiller sur qui la paie, m'a paru digne d'être signalée.

*
* *

Très bel hôtel français; fort supérieur assurément à ceux de bien des grandes villes d'Europe, voire de France. Les aménagements sont établis dans l'esprit de notre Touring-Club — honneur à vous, président Ballif! — Les détails d'installation sont soignés au point que le système employé en un lieu discret affiche une marque appelée « la Tornade ». Par exemple, les tapis, dont plus d'un ferait la joie d'un amateur parisien, sont authentiques; car nous sommes ici au seuil de la patrie des tapis. Je tiens, à propos de cet établissement, tenu par de très aimables compatriotes, à revenir sur un sujet dont feraient bien de se pénétrer tous les Français allant à l'étranger. Ceux-là ne devraient jamais perdre de vue de quelle importance est, pour notre rayonnement extérieur, le nombre et la prospérité des entreprises fondées au dehors, et, plus encore, au loin, par nos nationaux. Ne sont-ce pas eux le plus sûr véhicule de nos idées, de nos mœurs, de notre langue, de nos produits? Par eux, que les étrangers peuvent le mieux désirer connaître, visiter notre pays et lui apporter ainsi un si considérable appoint d'activité générale? Dès lors, nous nous manquons à nous-mêmes lorsque nous n'accordons pas à ces Français d'avant-garde l'adjuvant de notre préférence. Et je partageais la rancœur de certains, parmi eux, me disant le peu de souci manifesté par nombre d'entre nous, sur un simple avis donné en l'air, ou seulement sur la foi d'une publicité quelconque, à favoriser telles entreprises concurrentes des nôtres, et le plus souvent inférieures à elles; soit dit sans compter l'impression produite au dehors par cette sorte de snobisme imbécile de notre part, et qui consiste à soutenir les affaires des étrangers au détriment des nôtres.

*
* *

Si l'on ne se rappelait que l'antique Tiflis, fondée au cinquième siècle, fut détruite par les Persans en 1795, – fait à la suite duquel le roi géorgien David donna, en 1799, son pays à la Russie... qui dut ensuite le conquérir, — on serait surpris et presque déçu de trouver là une ville neuve, dont la partie la plus moderne, constituée par de belles avenues, comporte toutes les attractions des grandes agglomérations urbaines d'Europe, et même, ô progrès! un skating et un funiculaire d'où l'on jouit d'un beau panorama sur la grande métropole du Caucase, que peuplent aujourd'hui 300 000 habitants : seuls les vétustes constructions dominant la Kura, les primitifs moulins flottants, les ruines de la vieille forteresse géorgienne, plantées sur une arête dominant le quartier persan, sont demeurés pour rappeler l'ancienneté de la vieille cité, que sillonnent aujourd'hui nombre d'autos, de marques françaises pour la plupart.

Tiflis possède un des plus beaux musées ethnographiques, exclusivement consacré à la région caucasique. Mais le monument menaçant ruine, on l'a fermé voici deux ans. Et l'on attend vaguement une solution. Ni plus ni moins que chez nous en pareil cas, au demeurant.

Un autre musée, réservé aux souvenirs de la guerre du Caucase; d'amusants bains chauds naturels auxquels A. Dumas a consacré les meilleures pages de son célèbre *Voyage au Caucase*. Une riche église orthodoxe militaire, précédée d'un mausolée élevé à la mémoire du général russe Grazenoff, tué pendant la Révolution; une statue du vice-roi Vorontzoff, dont le descendant est le gouverneur actuel.

Durant la période troublée, le gouverneur resta plus d'un an réfugié dans son palais; et quand il quitta Tiflis pour aller gagner Saint-Pétersbourg, on dut, par sécurité, faire fermer les fenêtres des maisons, dont les toits furent garnis de cosaques, et évacuer les rues du parcours. Les hautes fonctions sont très recherchées, en Russie comme ailleurs.

Quelques vieilles églises, les unes transformées en mosquées, les autres demeurées temples orthodoxes. Près de l'une d'elles, on nous montre les tombeaux de deux illustres Arméniens : l'un fut Lazareff et l'autre Loris Mélikoff.

Car, en Russie comme en Turquie, toutes les races, même celles représentant des éléments d'incorporation récente à l'Empire, peuvent accéder aux plus importants emplois : toutes, sauf les Israélites, sur lesquels pèse un statut spécial.

Fait caractéristique : à Tiflis, ce creuset où sont venus se cristalliser les éléments de tant de races : Arméniens, Tartares, Persans, Juifs, Géorgiens, Mingréliens, Moscovites, Grecs, Kurdes, Turcs, Ossètes, Circassiens, Allemands, descendants d'une grosse colonie importée là au commencement du dix-neuvième siècle, et bien d'autres encore, les Juifs, qui sont douze ou quinze mille, réussissent peu et restent, pour la plupart, misérables. C'est qu'ils se heurtent à deux races mieux armées pour la lutte commerciale : les Arméniens et les Persans. On dit couramment ici : « Un Arménien roulerait trois Juifs; mais un Persan, trois Arméniens! » Cet effacement relatif de l'Israélite est un phénomène que l'on retrouve, atténué pour d'autres raisons, parmi lesquelles domine la forte constitution sociale, dans les milieux anglo-saxons.

L'intérêt de Tiflis réside précisément, pour l'observateur, dans ce contact sans mélange de tant de races, affluées, pour des causes diverses, de l'Asie vers le Nord, arrêtées par la muraille naturelle du Caucase, puis refoulées et fixées par l'expansion moscovite.

Je ne sais si, comme l'affirme dans un récent ouvrage, mon ami E. Archdeacon, devenu un apôtre de l'espéranto, après avoir été un des premiers pionniers de l'aviation, on parle soixante-dix langues différentes à Tiflis. Peut-être n'en parle-t-on que la moitié, ce qui serait déjà coquet; les inscriptions polyglottes, même celles affichées dans les wagons, sont en russe d'abord, puis en turc, en persan, en arménien, en géorgien, parfois en grec. Jamais à ces langues ne s'en ajoute une occidentale : française ou allemande, par exemple, quoique l'enseignement classique de l'une et de l'autre soit si répandu en Russie. Faut-il voir dans cette proscription ici, comme cela me fut affirmé, le désir, de la part des dirigeants russes, de consigner le plus possible les idées de l'Occident, donc ses langues, à la porte de l'Empire? Ainsi, — et je tiens le fait pour exact, — la propagande en faveur de la langue universelle dont l'adoption serait un véritable bienfait en ces milieux composés d'éléments ethnographiques si divers, est moins qu'encouragée par les autorités. Prenez-en votre parti, apôtres de la langue universelle, et dites-vous que votre propagande échouera en Russie, par le seul fait que l'introduction des idées étrangères, et peut-être celle des étrangers eux-mêmes, y est manifestement peu souhaitée en haut lieu.

*
* *

Rencontré quelques détachements en armes, cosaques ou autres : l'allure m'a paru relâchée et molle, en dépit des notes aigres que s'époumonnait à souffler en cadence un clairon marchant en tête de chacun d'eux.

J'eusse bien voulu prendre quelques clichés. Mais, antienne répétée : Tiflis, place forte, risque d'ennuis et de confiscation de l'appareil. J'ai laissé celui-ci dans sa gaine.

Les Russes s'efforcent de russifier le Caucase, ou tout au moins la partie du Caucase qu'ils ont en main, par le service militaire, appliqué ici depuis cinq ans; et, depuis deux années, les recrues sont, non plus envoyées dans des garnisons régionales, mais en Russie même. Je ne saurais juger si cette mesure est opportune ou dangereuse.

Par contre, ce qu'on peut affirmer, c'est que, en dépit de ses inévitables défauts, l'occupation russe a été un bienfait pour ce pays, où le sabre moscovite a seul eu assez de force pour maintenir l'ordre, parmi tant d'éléments si divers se détestant et qui, sans lui, se fussent sûrement exterminés les uns les autres, à la faveur de la Révolution, laquelle, en raison de la diversité des races, fut particulièrement complexe et violente au Caucase.

A cette époque troublée, et longtemps après, partirent pour la Sibérie des trains, qui n'étaient pas de plaisir, mais dont les wagons étaient bondés de voyageurs non munis de billet de retour... Les régiments n'étaient pas sûrs; ce furent les cosaques, venus de partout, même de régions barbares de cette même Sibérie, qui, le plus souvent, rétablirent seuls l'ordre, comme jadis à Varsovie.

Combien de fois n'aurai-je pas entendu cette phrase : « Pendant la Révolution, les cosaques, eux seuls, ont sauvé la monarchie!... »

Et quoi qu'en puissent penser certains milieux avancés, en France, cela encore fut un bonheur, car nul ne pourrait supputer dans quel effroyable abîme eût sombré alors l'immense Empire, sous la poussée d'en bas incapable d'organisation, en proie aux revers extérieurs, réédifié sur une base dissociée par les aspirations séparatistes des races.

Mais aussi, ce calme relatif actuel durera-t-il? Que réserve l'avenir? Et, plus encore, ne nous illusionnons-nous pas sur l'efficacité d'un appui éventuel émanant d'un facteur, énorme à coup sûr, mais si pesant et si préoccupé de sa propre existence? Aussi réconfortante que puisse être l'illusion à nos cœurs de Français, n'est-il pas pourtant prudent et nécessaire d'émettre, non pas absolument un doute, mais un avertissement?

*
* *

Nous allons faire des achats au bazar persan. Quelques curiosités, des étoffes, des fourrures. On trouve tout cela à Paris, et moins cher, en dépit du sourire incrédule du marchand lorsque je le lui dis, tandis que, d'un doigt preste, il calcule mon dû sur sa petite boîte à boules. Dans un coin de la boutique sombre, un peu sordide et très pittoresque, j'avise un objet qui brille, plaqué au mur : C'est le téléphone! Ce marchand, tel qu'en connut Shéhérazade, a le téléphone, demeuré chez nous un objet de luxe réservé aux grosses firmes ou aux gens riches. Le progrès matériel chemine plus vite au loin, je l'ai souvent constaté, que dans les pays même où il a pris naissance.

Notre voiture est arrêtée à un carrefour, tandis que ma femme fait une emplette. Un de ces beaux gendarmes, la poitrine barrée de grosses aiguillettes rouges, botté — naturellement, — le sabre plat gainé de cuir au côté, que l'on rencontre à chaque pas en Russie, s'approche de notre cocher somnolant sur ses guides en tresses voyantes attachées de chaque côté de son siège; et, en termes que je devine sévères, sinon gros de menaces, il lui désigne une blessure légère que porte au garrot l'un des chevaux : petit fait divers que je dédie à notre Ligue pour la Protection du Cheval.

*
* *

Quelque habitude que l'on puisse avoir des voyages, il est infiniment difficile d'harmoniser le temps que l'on s'est fixé et le nombre des points d'attrait de la région choisie. Du haut de la plate-forme à laquelle conduit ce funiculaire, belge aussi, dont je parlais tout à l'heure, nous supputions la direction d'Erivan, la capitale arménienne, où conduisent quelque vingt-quatre petites heures de train, à travers un pays que l'on dit admirable ; puis d'Érivan, c'était l'accès aisé du biblique et si curieux Mont Ararat, devenu le pivot des frontières turque, persane et russe, et, en même temps, de cet extraordinaire lac de Goktscha, trois fois grand comme le lac de Genève et situé à 2 000 mètres de hauteur.

Laisser derrière soi de belles choses non vues et que l'on ne reverra sans doute jamais est l'envers du voyage et le regret gâte en partie le reste.

*
* *

A propos de « choses non vues », croirait-on qu'un de ces règlements, dont la stupidité collective constitue une des assiettes de notre système administratif, interdit à nos Consuls d'inspecter leur circonscription d'une façon permanente? Si bien que, souvent, nombre d'entre eux rentrent en France du pays où ils représentèrent notre nation, pendant de longues années parfois, sans en connaître autre chose que leur seule résidence.

Les inconvénients d'un semblable système apparaissent d'eux-mêmes : les consulats, vice-consulats et agences qui dépendent d'un consulat général ou de classe supérieure, demeurent livrés à eux-mêmes. Pis : si des renseignements sont demandés au

Consul sur une question importante intéressant telle région éloignée de sa résidence, celui-ci est obligé de s'en rapporter à l'avis de tiers, plus ou moins dignes de foi, quand ils ne sont pas des concurrents éventuels de nos nationaux. N'est-ce pas absurde? Comme l'est pour les traitements consulaires l'unification des appointements par classe, sans tenir compte de la valeur de l'argent suivant les résidences, ou bien encore l'uniformité des séjours, sans considération de latitude ou de salubrité.

Les Maisons de France sont souvent l'objet de critiques, non toujours injustifiées, il faut bien le dire, en dépit d'une amélioration générale indéniable. Il serait inéquitable de ne pas souligner ce que la situation de notre corps consulaire a parfois de difficile et d'ingrat.

AU ROYAUME DU NAPHTE

De Tiflis, un jour et une soirée de chemin de fer, entre deux chaînes éloignées de hauteurs arides, à travers des campagnes assez bien cultivées par la population tartare, dont les misérables villages, où parfois des buttes basses recouvertes de terre, véritables terriers, se voient de-ci de-là. Guère de beaux costumes; parfois un brillant Circassien; une Géorgienne au bandeau rigide posé sur le front, les cheveux retombant, du voile, sur les oreilles en « anglaises » d'un effet bizarre. Mais des uniformes, des casquettes à insignes multiples, et surtout des Tartares en longues lévites loqueteuses, le chef couvert d'énormes kalpaks sous le soleil torride. De distance en distance, sur la canalisation du naphte établie le long de la voie, une belle usine de refoulement. Des gares rapprochées, dans la campagne déserte : relais de trains pour les interminables et symétriques rames de wagons-citernes, plutôt que gares ; dans les principales, des buffets bien tenus, très fréquentés, et que l'on est surpris de rencontrer en ces contrées où tout doit être apporté de loin ; près de chaque habitation administrative se détache un haut mirador métallique : mesure de défense ou recherche d'un lieu plus confortable l'été ? Je ne saurais le dire.

Disparus aussi les vendeurs de tout : fruits, poulets vivants, œufs, concombres, — le concombre se consomme partout ici en quantités incroyables, — gâteaux, fleurs même, qui animaient d'une manière si amusante les arrêts, sur l'autre versant de la ligne, vers Batoum. Ce qui subsiste, par exemple, c'est, chez les gens se retrouvant ou se séparant, la coutume du baiser sur la bouche, sans distinction d'âge, de sexe ni de propreté.

A un arrêt, un gentleman fort bronzé, d'aspect un peu rasta, veut bien me servir d'interprète et me tirer d'affaire. Je le remercie et, moitié curiosité, moitié politesse, lui demande : « De quelle nationalité êtes-vous? » — « Chaldéen, me dit le quidam avec un orgueil visible. Vous savez : Babylone... Nabuchodonosor! Je suis Babylonien. »

Je pris congé de l'homme avec considération.

*
* *

Nous traversons une région imprécise, coupée de mauvaises cultures, parsemées elles-mêmes de grands soleils dont la graine est consommée couramment; de marais, de steppes, et bordée au Nord par des collines stériles dont les angles, sèchement découpés, éclairés d'une certaine façon, figurent assez exactement les hachures des cartes. Des troupeaux de bœufs, de buffles, de moutons, conduits par des cavaliers tartares; quelquefois, une charrette bâchée, attelée de quatre chevaux de front; des vols de grandes cigognes, d'oiseaux, spéciaux, je crois, au Caucase, et dont l'admirable plumage rappelle certaines espèces des Tropiques; de grands oiseaux de proie; tout cela anime seul ce triste paysage.

Puis, pendant des heures, c'est la steppe aride, grise, pelée, affreuse et infestée, là, dit-on, de reptiles au point d'en rendre le séjour insupportable. Ne fut-ce pas, jadis, ce Désert des Serpents qui arrêta les Anciens dans leur marche vers l'Est?

Pourtant, relativement rapprochées, soigneusement construites, propres, les gares se succèdent à intervalles réguliers, flanquées de leur mirador, dans cette solitude désolée; entre elles, de verste en verste, une maison de garde. La voie, toujours méticuleusement entretenue, est droite pendant des lieues et des lieues, en ce terrain sans accident. Et, sur ce « billard », notre convoi : rapide, express ou « passager », je n'arrive pas à savoir lequel, continue son train-train somnolent, comme si nous grimpions une pénible rampe.

Il existe en russe une expression qui peut se traduire : « Dans l'heure!... », réponse courante faite à qui demande quelque chose. Un peu le « boukra » des Arabes. Les trains russes marchent « dans l'heure ». Peut-être bien en Russie tout marche-t-il « dans l'heure »? En Russie et bien ailleurs aussi. N'en savons-nous pas quelque chose, nous autres, citoyens français?

*
* *

Tard dans la nuit apparaissent sur le ciel les reflets lumineux d'une grande ville; au loin, les éclats d'un immense incendie : quelque puits de naphte en feu. Nous arrivons à Bakou. Une de ces étroites voitures, victorias baptisées « phaétons », conduite ici par un cocher tartare, et dans lesquelles on se rend compte du long supplice enduré par la sardine dans sa boîte, nous mène à vive allure sur un abominable pavé et sous la lueur falote de reverbères à pétrole, par d'interminables avenues bordées de mauvaises et laides constructions basses, à l'hôtel où nous devons passer la nuit : encore une maison française, tenue par des compatriotes établis depuis longtemps au Caucase. Une fois de plus, nous sentons combien, au loin, et davantage encore avec cette sensation d'isolement que je n'ai jamais, même au fond de l'Afrique, autant éprouvée que depuis mon arrivée dans ce pays, il est agréable de trouver en son hôte un compatriote. Énonciation qui fera sourire, j'en suis sûr, les gens dont les pérégrinations n'ont jamais dépassé nos frontières. Et combien vraie, pourtant!

*
* *

Bakou est un des coins du monde dont on peut dire, avec le plus de raison, que le laid y recule les bornes de la hideur : Autour des remparts de l'antique cité persane, une ville d'une étendue énorme, basse, large, sale, peuplée de tous les afflux démographiques d'un des deux points de contact entre l'Europe et l'Asie; comme périphérie, une campagne dénudée, gris-jaune, aride au point que les brousses herbacées de la steppe brûlée par un soleil de plomb, n'y poussent pas et que la terre d'un jardin privé, pauvre jardin bien maigre, mais qui pourtant coûta des millions, dut être apportée de loin. Noire de fumées, empuantie de pétrole, dotée d'une mauvaise voirie, coupée de vastes espaces, tantôt simplement nus et pelés, tantôt couverts de raffineries immenses, dont la disgrâce s'épand, le long des chaussées en tuyauteries à nu, nauséabondes.

Et pourtant, venir au Caucase sans aller à Bakou serait une erreur : car Bakou est, dans la misère de son abord, un des centres les plus curieux du globe, au point de vue de l'activité humaine. De ces vallées galeuses, de ces montagnes hostiles de la presqu'île d'Apchéron, l'industrie de l'homme a tiré, elle tire chaque jour, par centaines de milliers de pounds, l'une des richesses les plus formidables des temps modernes : le naphte, aujourd'hui devenu, avec l'adaptation de la science appliquée au moteur à explosions, l'un des plus importants facteurs du progrès humain.

Est-ce à dire que, comme en Nord-Amérique, cette exploitation si intense soit surgie tout à coup, en un « rush » né de telle de ces découvertes, dont l'apparition a bouleversé, en les transformant, tant de parties du monde? Non pas. Et ceci n'est point un des côtés les moins curieux de Bakou.

Les 200000 individus qui vivent là, tirent tous, directement ou non, leurs moyens d'existence de l'industrie du naphte, comme le naphte a justifié la construction du transcaucasien dont Bakou est un des deux terminus. Ces gens sont, et sans s'en douter assurément, les modernes continuateurs de ces Parsis antiques, adorateurs des feux naturels qu'émettait l'Apchéron, et dont les descendants, maintenant disparus des lieux où leur foi s'engendra, pullulent encore aujourd'hui dans l'Inde. Les Russes ne soupçonnaient assurément pas le trésor qu'ils conquéraient, lorsqu'ils conservèrent en 1813 cette terre ingrate, annexée une première fois par eux en 1723, puis rendue en 1735.

Pour les peuples, comme pour les individus, la fortune viendrait-elle donc parfois en dormant?

*
* *

Une opportune introduction auprès de M. B..., l'une des plus importantes personnalités de Bakou, me procure le « sésame » devant lequel vont s'ouvrir toutes les portes de la cité du naphte. Et, durement secoués sur d'invraisemblables pavages, — nous finissons par en prendre l'habitude — nous filons, dans une auto louée à une maison française de la ville, vers un des plus importants groupements de puits pétrolifères de la région.

Une demi-heure de route, à peine. Nous franchissons une colline du haut de laquelle l'œil embrasse le port, la Caspienne et la ville; celle-ci, dominée par une magnifique cathédrale orthodoxe dont les clochers, brillants et ventrus, jettent une note d'art sur l'ingratitude de l'ensemble.

Notre auto dévale sur l'autre versant; et, sans transition, nous voici dans un vaste cirque, borné par des éminences sauvagement dénudées, et hérissé de centaines de hauts pylônes de bois, chacun surmontant un puits : telles de sombres tours surgies d'un sol infernal, sous leur carapace de tôle noircie; elles sont pressées les unes contre les autres, à se demander comment l'extraction d'un puits ne tarit pas celle des autres puits voisins. A Bakou, tout est noir : le sol, coupé de rigoles où s'écoule, à l'air, le naphte visqueux, vers les bassins de décantation ; les constructions ; les murs ; les vastes canalisations de refoulement du naphte aux raffineries ; les gens eux-mêmes ; tout, recouvert d'une sorte d'adhérence gluante et sombre; enveloppé d'une pénétrante puanteur de pétrole : l'air que l'on respire, la terre que l'on foule, les objets que l'on touche, et, pour un peu, ce que l'on mange.

Et pourtant, dans sa tristesse et sa sauvagerie factice, cet ensemble est, le croiriez-vous? beau à force de puissance de production, de travail accumulé, de richesses enfouies; de richesses, aussi, arrachées au sol, à coups d'efforts incessants, dont vous ne vous doutez guère, élégants touristes, et vous, bons chauffeurs, qui trouvez limpide et chargé d'énergie, présenté dans des récipients bien parés, le précieux liquide, offert aujourd'hui couramment le long des routes les plus reculées de France et d'ailleurs; ni vous, braves ménagères, pour lesquelles le pétrole est devenu un produit de première nécessité.

***

Un directeur nous guide et nous explique. Nous pénétrons dans une des tours : en arrière, sous un appentis, un conducteur manie le treuil, puissant, actionné électriquement, installé derrière l'appareil de forage; autour du tambour, le câble s'enroule avec une rapidité vertigineuse. Une, deux minutes; puis tout à coup, apparaît, sortant du puits, simple tube d'une soixantaine de centimètres de diamètre, dont l'orifice se couronne sans cesse de vapeurs inflammables, un fuseau creux d'un diamètre un peu moindre et long de 7 à 8 mètres. Un déclic joue à la base du fuseau, et un liquide noirâtre, opaque, lourd, s'échappe en bruyant giclement, pour s'écouler, par une simple rigole creusée à même le sol, vers le grand bassin en plein air, taillé en contre-bas. « La profondeur moyenne des puits est de 5 à 800 mètres, me dit notre cicerone. Fait curieux, leur débit n'est pas égal. Tantôt, le fuseau ramène du naphte pur; tantôt, une forte proportion d'eau; tantôt, du sable est mélangé au liquide. De là la nécessité de la décantation, première opération subie par les produits extraits.

« Chacun des puits dont vous voyez d'ici la multitude représente une immobilisation oscillant entre 400 et 800 000 francs, parfois plus, suivant la profondeur et la nature du sol.

« — L'extrême rapprochement des puits entre eux, demandé-je, ne provoque-t-il jamais de tarissements de l'un à l'autre?

« — Si le fait se produit, me répond mon interlocuteur, il est exceptionnel. Les couches de naphte suivent, sans se confondre, une direction régulièrement oblique. Ainsi, parfois, un puits se tarit, tandis que son voisin continue à donner abondamment. D'autres fois, un puits, tari, se remet à donner sans cause apparente. Aux débuts de l'exploitation pétrolifère, certains puits fournirent de formidables jets, que l'on était impuissant à recueillir, et d'incalculables quantités de naphte ont été perdues de ce chef. On a cité, jadis, le cas d'un propriétaire déclaré en faillite, tandis que son puits projetait journellement, perdus, des milliers de pounds de liquide : une fortune! Aujourd'hui, ces accidents n'arrivent plus. On y a paré.

» — Et le feu?

» — Le feu est l'ennemi contre lequel il

faut constamment veiller, comme bien vous pensez. Une étincelle, et le jet de vapeurs que vous avez vues, exhalées par les puits, se tranforme instantanément en un formidable brasier. Ainsi, l'incendie que vous avez aperçu hier se trouve dans une de nos concessions ; il a été causé par un court-circuit. Voici six semaines qu'il dure. Fait remarquable : nous continuons à tirer de là 100 000 pounds par jour. On a creusé en sous-œuvre une galerie oblique d'où le naphte est extrait par un éjecteur à vapeur, tandis que, au-dessus, les vapeurs continuent de brûler !...

» Nous avons subi, rarement, il est vrai, quelques sinistres dont le monde entier a connu l'étendue par les journaux, et la grandeur effrayante par les Illustrés. Le plus grave a coïncidé, comme il fallait s'y attendre, avec la Révolution.

» — Epoque qui fut particulièrement dure à passer ici, sans doute, étant donné le caractère hétéroclite et quelque peu primitif des ouvriers tartares, persans, émigrants de partout que vous employez ici?

» — Oui, très dure. Plusieurs d'entre nous sont tombés à leur poste. Mais maintenant l'ordre est rétabli. Nous avons, d'ailleurs, un « bon » gouverneur. Vous avez remarqué comme tout est gardé à Bakou? »

J'avais, en effet, remarqué : les agents postés à chaque coin de rue, dotés non plus d'un simple revolver, mais d'un revolver à crosse de fusil, sorte de carabine suspendue à la ceinture; munis du poignard circassien bien à portée de la main; sans compter le sabre : police dont la poigne est armée dans la mesure où les éléments qu'il lui faut contenir sont dangereux.

Une question me préoccupait :

» — Ne craignez-vous pas, pour un avenir quelconque, l'épuisement des couches?

» — Certes, nul ne saurait prédire ce que réserve l'avenir au bassin de Bakou. Des années et des années s'ouvrent encore à lui. Vous verrez tout à l'heure d'autres

13

puits d'où, automatiquement, sans la main de l'homme, des éjecteurs à vapeur, remplaçant le treuil et le fuseau, aspirent depuis des mois le naphte, sans que la venue décèle une fatigue. Mieux : peut-être ne sommes-nous encore qu'au seuil de nos découvertes. La rade, d'où des jaillissements ont été constatés, va être comblée, en vue d'une exploitation en terre ferme. Les îles qui, en mer, prolongent la presqu'île d'Apchéron, et qui décèlent une chaîne sous-marine, prolongement du Caucase, commencent à être exploitées : comme au Nord, vers Grosené, où le naphte existe également en abondance. Puis, qui sait ce que renferme le sous-sol de l'autre bord de la Caspienne, dans la direction des gisements connus de ce côté? Nul, vous dis-je, ne saurait émettre une opinion à ce propos, pas plus qu'on ne connaît le principe même du précieux liquide, en dépit des multiples, et d'ailleurs très contradictoires, explications fournies à ce propos par les savants. Les quelques grandes firmes : Nobel, Rothschild, qui ont groupé en un petit nombre de mains colossalement outillées les exploitations privées, jadis éparses, et, pour la plupart, précaires, ont dirigé depuis des années vers cet objet les recherches de leurs laboratoires. Sans succès.

» — On me dit que l'essence et le pétrole coûtent ici, fait incroyable, plus cher qu'à Londres ou à Paris. Est-ce exact?

» — Très exact. La cause de cette anomalie apparente réside dans les droits de consommation intérieure. Le naphte est devenu, pour le gouvernement russe, la source d'un profit colossal, augmenté encore par le fait que le tiers de la production recueillie sur les concessions de l'État revient à celui-ci.

» — Une dernière question : la proportion des accidents est-elle considérable? Ainsi, les tremblements de terre, tel celui qui secoua Tiflis quelques jours avant notre passage, des phénomènes analogues au coup de grisou, dans les mines de charbon, sont-ils pour vous sujet de dangers fréquents?

» — Non, très rares. Le fait se produit cependant, et nous avons eu l'exemple de puits tout neufs, tordus, perdus, par des phénomènes sismiques inexpliqués. Ce sont alors des centaines de mille francs enfouies d'un coup, sans retour. Par contre, cela vous explique comment, seuls, de très puissants organismes financiers peuvent aborder de semblables exploitations. »

Vérité, au demeurant, qui, en dépit des théories socialistes, ira chaque jour en s'élargissant et en s'adaptant à tous les domaines.

L'avenir économique n'est plus aux initiatives, aux efforts individuels. Il appartient aux collectivités. Nulle école, nulle doctrine ne changeront rien à cette loi.

Le même « sésame » nous permit également de visiter une raffinerie de naphte, dont la description serait fastidieuse ici, quelque intérêt technique que puisse présenter cette colossale industrie.

*
* *

Je voulais voir aussi ce que pouvait être la marine de cette Caspienne, lac par sa configuration, mer par son étendue.

Du port même, peu à dire. Vaste et sans caractère, guère protégé, mal outillé, sauf, naturellement, en ce qui concerne le chargement des naphtes évacués par eau vers le Volga. D'ailleurs, le principal de la production va à Batoum, en wagons-citernes et par une canalisation. Nombreuse flottille de vapeurs, dont le tonnage me parut osciller entre 1 500 et 2 500 tonneaux, et dont les lignes vétustes, les cheminées plantées en arrière, les mâts alourdis de vergues inutiles, flattent médiocrement l'œil; avants très défendus, par contre : observation qui confirme ce que l'on m'avait dit des colères de cette paradoxale Caspienne, qui, du bas de ses 26 metres au-dessous du niveau de l'Océan, est le théâtre de redoutables tempêtes, aggravées par son climat, paradoxal, lui aussi : glacial au Nord, à tel point que le mouton n'y peut vivre l'hiver; nettement tropical au Sud. Quelques très remarquables grands chalands-citernes de haute mer, assurément supérieurs comme gabarit et conception à ce que j'ai vu jusqu'ici sous ce rapport. Un beau paquebot à château central, du service affecté à Enzeli, le port persan d'où part la route, gardée par les Russes, qui conduit à Téhéran; la traversée dure vingt-six heures : vingt-six heures et nous serions en Perse! Tentation vite réprimée par la raison, l'insupportable et tracassante raison... sans laquelle nous eussions aussi bien poussé encore une pointe facile jusqu'à Krasnovodsk, sur la rive opposée à Bakou, dans le Turkestan. Nombre de voiliers, quelques-uns de fort tonnage, gréés en goélettes à trois mâts; ceux-ci le plus souvent tronqués, sans flèche, ce qui leur donne un aspect lourd et disgracieux.

Enfin, très intéressants, deux tout petits cuirassés, actionnés par moteur, et privés de cheminées : des joujoux; assez grands au surplus pour leur ennemi éventuel, la limbique flotte persane! et appelés bien plutôt à danser un éternel cavalier seul. D'où je les voyais évoluer en essais, on eût juré des cuirassés du... Paradis des Enfants.

Cette flotte entière, commerciale et militaire, fort spéciale, est construite en Russie, et peuvent seuls en rapporter quelques notions les voyageurs, assez peu nombreux en somme, que leur fantaisie ou leurs occupations auront conduits aux bords lointains de la Caspienne.

Ce pour quoi j'ai pensé opportun de lui consacrer ces quelques lignes.

*
* *

Nous avons quitté Bakou, ses puits, sa ville noire, sa police armée jusqu'aux dents, sa cathédrale où nous entendîmes de ces chants liturgiques orthodoxes si impressionnants dans la gravité de leur douceur harmonieuse, ses « phaétons » conduits par des Tartares, ses fumées et son cadre désolé; ses histoires de brigands, aussi, car, dans ce pays, et non pas seulement à Bakou, l'histoire de brigands florit volontiers.

« Avez-vous lu le *Voyage au Caucase* d'Alexandre Dumas? me demandait quelqu'un. Le récit de l'immortel conteur est, non pas de la fantaisie, comme on l'a dit, mais absolument, rigoureusement exact encore aujourd'hui. »

Je n'affirme pas : je cite.

Comme je relate d'après « ouï-dire » cette aventure, d'un très riche Tartare de

Bakou, propriétaire du plus bel immeuble de la ville, attiré dans un guet-apens par des bandits de sa race, enlevé, puis rançonné d'une somme formidable, — on a prétendu : un million ; on a même dit plus, — payée rubis sur l'ongle, et la victime s'employant depuis, sous la crainte de se voir exécuter par ses voleurs, à contrecarrer l'instruction ouverte par l'ordre du gouverneur.

Aussi, cette autre histoire, toute récente et non moins vraie, d'un célèbre bandit du Caucase ; sa tête a été, après de nombreux méfaits, mise à prix 100 000 roubles par le Gouvernement. Les villages qui, par terreur ou par complaisance, lui avaient accordé secours ou asile, punis de déportation collective en Sibérie ; les maisons rasées : méthode qui peut paraître brutale, vue de la douce France, mais parfaitement justifiée, je vous assure, à considérer les choses avec l'optique de certains pays. Donc ledit brigand avait tué, il y a quelques mois, un capitaine commandant le détachement chargé de l'arrêter. On organisa une nouvelle expédition, et sur des indications précises on surprit la bande dans un village : Le chef et quelques-uns de ses partisans parviennent à s'échapper, mais sa femme, ses enfants et son frère tombent entre les mains de la troupe et sont emmenés à Tiflis comme otages. Fou de rage, le brigand, accompagné de quatre ou cinq fidèles, gagne le détachement de vitesse, va l'attendre sur les hauteurs d'un étroit défilé par où le convoi devait passer, et, du haut d'un poste inaccessible, tue le capitaine, tue le lieutenant, tue des hommes. Affolés, les survivants se cachent comme ils peuvent, tandis que les balles pleuvent. Heureusement, on avait fait marcher les prisonniers en tête. Les cosaques qui les gardaient les empoignent, les entraînent au galop de leurs chevaux et les conduisent à la ville, tandis que le reste du détachement se sauvait de son mieux.

Dans l'hôtel même où nous sommes descendus, et d'où partirent les deux bijoutiers français, représentants de la maison B..., de Paris, assassinés quelque temps auparavant dans le train, par des individus appartenant au personnel même de cet hôtel, une bande connaissant le dépôt effectué par un tiers d'une somme importante dans la caisse de la maison, avait attaqué récemment, le soir, en pleine ville, et tué ou blessé du monde à coups de revolver.

Tout comme au temps de la Révolution russe, où ces faits ne se comptèrent plus.

« N'éprouvez-vous pas parfois une crainte à habiter ce pays, demandais-je à un Français fixé depuis très longtemps au Caucase.

— Pourquoi donc, me répondit-il. Je serais en France, ne risquerais-je pas les coups de surin des apaches, ou l'assassinat en wagon, comme Mme Gouin? Alors!... »

Je fus, je l'avoue, « collé », par cette opinion d'un compatriote ne connaissant plus son pays que par nos « meilleurs » journaux, remplis depuis des exploits de « bandes tragiques », dignes émules de celle du Caucase.

*
* *

Du train qui, dans la nuit, nous ramène vers Tiflis, nous revoyons au loin les éclats du puits en feu. La « Ville Noire » projette dans le ciel le faisceau de ses mille lumières. De cet enfer, le génie de l'homme a su tirer des trésors de richessee, d'énergie répandue maintenant dans le monde entier : car ce liquide sale, noir, visqueux dans lequel nous avons pataugé, dont nous avons subi l'affreuse et pénétrante senteur, n'est-il pas le générateur du moteur à explosions, de l'automobile, de la navigation sous-marine et de l'aéroplane : les trois découvertes qui auront le plus profondément révolutionné notre époque contemporaine? Et, de cette révolution, de ces progrès immenses et bienfaisants, les inconscients artisans sont, conduits par une poignée d'ingénieurs, héroïques à froid, ces ouvriers : Slaves déracinés à mines patibulaires, Persans impassibles et obtus, Tartares farouches.

Toute l'histoire de l'évolution humaine ne tient-elle pas dans ce brutal contraste?

*
* *

Le long de la côte qui borde la Caspienne, le convoi monte lentement. Dans le lointain, Bakou a maintenant disparu. La lune, disque énorme et brillant d'un éclat incomparable dans la pureté de l'atmosphère, s'est levée. Sous sa lumière presque crue, les collines nues accusent leurs arêtes d'un jaune bleuté et la mer brille de mille éclairs argentés.

Et, ainsi vu, ce pays de désolation devient beau, de la beauté que donne à tout la Nature...

A TRAVERS LE CAUCASE EN AUTO

Il y a seulement un an, il fallait, pour se rendre de Tiflis à Vladicaucase, trois jours, par voiture à quatre chevaux; coucher deux nuits en route dans de douteux logis; autant pour revenir. Voyage pénible devant lequel on hésitait. Aujourd'hui, de robustes autos à dix places, disposées en char à bancs, affaire exploitée par une Compagnie française — les autos sont maintenant nombreuses à Tiflis — avec un personnel de chauffeurs français assisté de quelques Russes ou Géorgiens, auxquels le contact de nos braves mécanos a déjà donné un petit chic parisien, partent quotidiennement dans chaque sens et franchissent en douze heures les 350 verstes environ qui, par un col passant à 3 000 mètres, séparent les deux villes.

« C'est plus beau que la Suisse », nous avait-on dit. Plus impressionnant, en effet; et plus intéressant même que les Andes : ce sont d'abord des plateaux fertiles, animés par une population pittoresque; puis des vallées torrentueuses, dominées par des forêts épaisses, où l'ours et le grand gibier abondent, paraît-il, comme presque partout au Caucase et en Asie Mineure : villages étranges, accrochés au flanc de la montagne; monastères antiques bâtis à de paradoxales altitudes; ruines nombreuses dont les silhouettes, toujours haut perchées, ajoutent leur cachet historique à ces paysages de légende; attelages extraordinaires; charrettes tartares, à caisse en berceau; primitifs chariots à roues pleines; nous croisons aussi quelques autos. Tout cela défile dans un kaléidoscope, tour à tour gracieux ou grandiose, et varié de minute en minute : un enchantement. Nos 50 chevaux sont à la peine. Nous grimpons, grimpons toujours, durant des heures, par d'invraisemblables lacets, dont les tournants dominent, parfois à pic, des gouffres diaboliques. La route est, d'ailleurs, bonne et large. Elle fut construite il y a une cinquantaine d'années par les soins de l'État-major russe, afin de relier directement le Caucase à la Russie, en évitant le long détour par Bakou, et pour doubler, à l'Ouest, la route qui, de Novorossik, longe en corniche le rivage jusqu'à Poti.

Entre les crêtes des chaînes écrasantes, nous traversons une région d'herbages que nous suivrons jusqu'à l'autre versant; les habitations, maintenant de basses masures à toits plats, se voient presque jusqu'au col, protégées, en même temps que la route, par de formidables murs, contre les avalanches. De distance en distance, tout le long du chemin, des postes de cosaques sont échelonnés; certains logés dans d'anciens fortins bastionnés; parfois, des groupes d'enfants, postés en attendant les voitures, exécutent des danses dès qu'ils en aperçoivent une, et offrent en courant des fruits ou jettent à la volée de petits bouquets dans l'espoir d'un kopek. Le Caucase commence donc à connaître les touristes. Le progrès aussi, sous la forme de la poussière, de la fumée des moteurs, des volailles écrasées et des chevaux affolés dans des parages souvent scabreux, au passage des autos, et des apostrophes entre conducteurs récalcitrants et chauffeurs.

Quelques hôtels embryonnaires se sont installés de place en place. Quelques buffets aussi, car la circulation est intense; et le moins inattendu, contrastant, d'ailleurs, à tous égards avec les autres, n'est pas le pavillon coquet, surmonté des couleurs russes et des nôtres, installé à quelques heures de Tiflis, par un général possesseur d'un beau château voisin. Au passage des voitures françaises, le général, en tenue, assisté de sa femme, fort distinguée, tous deux parlant notre langue, vient faire les honneurs du buffet, tenu par son propre personnel particulier. Puissent ces aimables hôtes n'avoir affaire qu'à des gens sachant comprendre la délicatesse de leur geste et la qualité de leurs personnes : résultat rare, pour qui a affaire au public.

*
* *

Rencontré un détachement d'infanterie en marche. Les hommes, de grands gaillards blonds à l'œil bleu placide, ont la tenue généralisée de l'armée russe actuelle : blouse kaki, pantalon noir, casquette évasée, hautes bottes; seules, de larges pattes d'épaules jaunes distinguent leur corps, parmi la similitude entre toutes les tenues. Je retiens ce détail : les hommes ne sont chargés que du fusil; le reste, bagages et sacs, est porté dans des charrettes indigènes réquisitionnées, escortées d'hommes, la baïonnette, rectangulaire, de la forme des anciennes baïonnettes du fusil à piston, au canon. Sans doute, les Russes trouvent-ils qu'on peut faire d'excellents soldats sans les écraser sous le faix de « l'azor » qui paralyse notre pioupiou national.

Nous atteignons le sommet : 3 000 mètres d'altitude. Il fait à peine frais. Une colonne, au faîte du dos d'âne du col : c'est la limite géographique de l'Europe et de l'Asie. Un cheval paît auprès du monument. Il broute en Asie et, simultanément, « digère » en Europe. Peu de gens au monde peuvent se vanter d'avoir fait le tour de force accompli sans s'en douter, par l'humble bidet, ainsi détenteur d'un record nouveau, dont je vous laisse le soin de trouver l'appellation.

Parfois, nous longeons de longs tunnels, établis en robustes charpentes, couverts de plaques métalliques. C'est par là que passe la route au commencement et à la fin de la saison de trois ou quatre mois, pendant laquelle la circulation extérieure est impossible, quand les premières neiges arrivent ou que les avalanches menacent. Pour le moment, sauf en un ou deux points, on passe en dehors. Mais le torrent a mangé la chaussée : Il reste juste l'empattement de notre auto. Nos roues frisent le bord friable. Petit frisson : agréable quand il est passé. Puis, notre brave mécano, un Parisien, joue avec les lacets et les sauts périlleux du Caucase comme s'il y était né. Dès la première heure de route, il nous a inspiré de la confiance.

« Sauts périlleux », disais-je. L'expression n'est guère exagérée : tantôt un simple ruisseau soudain transformé en épouvantable torrent de pierres et d'eau par un orage subit, a dévalé vers la vallée et laissé sur la route un éboulis de un, deux mètres parfois d'épaisseur et de 50, 100 mètres et plus de longueur; éboulis fait de gros galets, de roches et de boue; il faut alors attendre qu'une équipe de travailleurs, appelée en hâte, ait frayé de nouveau le passage. Tantôt un torrent a emporté un pont, et c'est dans le lit même que passe l'auto, vaillante et robuste.

Le Caucase est la plus jeune des chaînes du globe, affirment les géologues. Elle aussi s'écroule peu à peu; subira-t-elle, dans la suite des siècles, le sort de ces montagnes de l'Afrique, le plus vieux des Continents, auxquelles la science attribue une altitude passée de 8000 mètres, et qui sont devenues des éminences de quelques centaines de mètres?

La route est, il faut le dire, admirablement, intensivement entretenue. Plusieurs milliers d'hommes y travaillent, dit-on, en permanence pendant la partie de l'année où cela est possible. Et le nombre des chantiers rencontrés rend vraisemblable cette assertion.

*
* *

A peine le sommet du col dépassé, c'est, sans transition une fois encore, une nature autre, aux contreforts boisés, formant un premier plan verdoyant aux altitudes sévères. Une nature sauvage, abrupte, succède brusquement aux coins riants. Nous descendons rapidement. Un premier village; puis d'autres, misérables, juchés sur un entablement cultivable de la montagne, ou coincés dans quelque vallon. Quelques-uns troglodytiques. Des ruines, toujours; certaines bien conservées, imposantes : tel ce château de la légendaire reine Tamara, Messaline du Caucase, dont les « favoris » payaient d'un saut dans le gouffre voisin les éphémères faveurs. Tamara avait sa manière à elle de « traiter les hommes comme ils le méritent ». Manière forte; trop forte, à mon goût.

De place en place, une vieille forteresse, en partie écroulée, atteste les convulsions dont furent témoins ces lieux, théâtre de tant de luttes, ces murailles contre lesquelles vinrent se briser les ruées du flot asiatique, jusqu'au jour où l'élément moscovite, triomphant, déborda sur l'Asie.

La population est différente aussi. Les gens que nous voyons sont les Ossètes. Peut-être moins cavaliers que les autres peuples caucasiques, — car, sauf le Chili et le Mexique, nulle autre contrée n'est demeurée, autant que celle-ci, le pays du cheval, — leur type, plus farouche, est moins beau.

« Les Ossètes, dit l'Encyclopédie, sont des brigands déterminés. » Leur type me confirme cette sévère appréciation. Je préfère encore, pourtant, ces gens aux fripouilles aimables, cauteleuses et bien mises, de nos centres civilisés. Les rébarbatifs Ossètes sont moins dangereux.

*
* *

Tout à coup, dans une large échancrure de la montagne, à travers le voile déchiré des nuages qui nous en cachaient la vue, apparaît un mont colossal, éblouissant de neige, écrasant de hauteur et de masse, le faîte couronné d'un glacier formidable dont la muraille à pic doit avoir — est-ce une illusion d'optique? — des centaines de mètres : c'est le Kasbek, un des géants du Caucase, au pied duquel nous passons : 5 400 mètres. « Observez, me dit un de nos deux compatriotes fixés en Russie avec lesquels le hasard nous fait faire ce voyage, que le Kasbek, comme certains sommets du Caucase, l'Elbrouz, de 6 650 mètres, entre autres, est situé en Europe ». Le Mont Blanc n'est donc pas, comme on le dit couramment par erreur, la plus haute montagne de notre Continent. Cela est regrettable pour notre amour-propre de propriétaires, mais c'est ainsi.

*
* *

La valléê se resserre en couloir étroit, sinueux, surplombé d'impressionnantes falaises, derrière lesquelles on devine, quand on ne les voit pas, d'invraisemblables arêtes, fantastiques de hauteur et de silhouette; d'énormes rochers, irrégulièrement arrondis, se sont parfois arrêtés dans leur course, sur le plan incliné d'un versant, et semblent prêts à la reprendre, d'une irrésistible puissance, à la moindre poussée. Ailleurs, la route se faufile sous la voûte entaillée dans la falaise d'où pendent, fissurés, retenus par on ne sait quelle mystérieuse force d'attraction, des blocs colossaux. « Puissent-ils, invoque-t-on à part soi, depuis tant d'années qu'ils sont là, tenir encore deux minutes!... » Elles tiennent. Ouf! c'est *all right!*

Des suintements, des cascades, d'autres torrenticulets, ont grossi le torrent. Maintenant, c'est une masse d'eau écumante et noire, impressionnante de puissance brutale, — inutilisée encore, captée sans doute quelque jour prochain par la science appliquée, — qui dévale avec nous, dans un formidable fracas, vers les bas pays du Landstrich.

Des tournants en « épingles à cheveux », comme dit un de nos compagnons : une épingle à cheveux plantée entre des murailles de centaines de mètres et des gouffres infernaux. Notre auto les aborde en vitesse : un grippement de direction, une minime erreur d'appréciation du mécano : c'est le saut!... le grand saut!...

Le premier virage impressionne; le second paraît tout naturel. Au dixième, on ne s'aperçoit plus qu'on vire. Au vingtième, le chauffeur fait son virage d'une main, tandis que de l'autre il allume une cigarette. Accoutumance ou bravade? Le geste a de l'allure.

*
* *

La vallée s'élargit. Elle devient une plaine boisée, sillonnée de ruisseaux, tandis que, de chaque côté, sous l'embrasement d'un admirable coucher de soleil, la grande chaîne éploie orgueilleusement ses assises gigantesques, ses grandes cimes neigeuses, d'où, unique, souverainement majestueux, émerge le Kasbek, comme un défi à qui, suivant l'exemple de bien rares pionniers dont quelques-uns payèrent de leur vie leur audace, tenterait d'affronter ses obstacles. Le spectacle est féerique.

Il change vite, en mal. La route, aux abords de la ville, devient mauvaise au point que, par moments, on aurait, pour un peu, l'illusion de déambuler aux environs de Paris... entre Maisons-Laffitte et Bezons, par exemple. Des équipages urbains, à la russe, des promeneurs citadins, décèlent la ville proche. Un champ de manœuvres, accidenté et vaste, où des soldats en kaki, se confondant presque avec le sol, apprennent le service en campagne.

Une école des cadets — la Russie en compte vingt-cinq — et, tout près, un beau camp soigneusement installé, chaque tente dressée sur un haut talus gazonné; puis un faubourg où grouillent littéralement des enfants, blonds, mal tenus et piaillards, qui nous tirent la langue et s'ingénient à traverser la chaussée, en frôlant notre capot, comme pour bien nous prouver qu'ils sont les dignes pendants de nos malfaisants gosses nationaux. Des trams électriques, décelant un centre important. Nous traversons sur un large pont le torrent suivi tantôt, assagi maintenant. Et nous voici roulant dans une longue avenue, coupée d'un trottoir central qui constitue la promenade en vogue de Vladicaucase, à en juger par quelques toilettes à la mode de demain, noyées dans la masse des flâneurs, où l'élément moscovite remplace presque complètement ici le panache des races, vu de l'autre côté du Caucase.

La sollicitude de nos aimables compatriotes nous installe dans un convenable hôtel et nous permet de transmettre nos ordres pour la durée de notre séjour ; car là, comme presque partout ailleurs en ce pays, l'anglais, ni le français, ni l'allemand ne servent. Et cette impossibilité de se faire comprendre pour quoi que ce soit est odieuse. Je voudrais voir les dirigeants de notre enseignement, adversaires de la langue universelle, faire un stage de quelques semaines dans ces conditions. L'étude de l'espéranto serait vite inscrite dans nos programmes scolaires !

*
* *

Au retour, monte dans l'auto un resplendissant Circassien, la poitrine ornée de cartouchières finement ciselées; un poignard, véritable objet d'art, suspendu à la ceinture; supporté par un baudrier plaqué d'argent, le sabre richement gainé jusqu'au pommeau sans garde, en un fourreau recourbé; ample culotte de satin noir; pistolet ancien passé dans un étui brodé; bottes molles sans talons en cuir fin; longue lévite de drap marron, serrée à la taille, et sur le dos de laquelle pend un capuchon plat, terminé par un gland d'or; kalpak blanc du plus bel astrakan. Seules, des pattes d'épaule, portant un numéro brodé en or, et un ordre militaire sur la lévite, indiquent un officier; car, avec des variantes dans les détails ou la couleur, ce costume, plus ou moins riche, se rencontre couramment au

Caucase, et des autorisations spéciales permettent à de simples particuliers de porter ostensiblement leurs armes traditionnelles.

Un autre officier de l'armée régulière, en tenue kaki, accompagne le premier. Celui-là parle français. J'en profite pour m'informer de la qualité de son compagnon :

« C'est un commandant de cosaques, me dit-il. Les cosaques jouissent d'un statut spécial. Leurs officiers ne sont pas tenus de passer par nos écoles militaires et leur instruction est faite par des officiers détachés des autres corps de cavalerie. Ils s'habillent à leur gré, sur un modèle unique, d'après lequel toutes les fantaisies leur sont permises. Leurs hommes également. »

Je me rappelais, en voyant côte à côte ces deux hommes, d'abords si différents, cette histoire, narrée la veille à Vladicaucase, des deux régiments d'artillerie de cette ville se mutinant en pleine Révolution, en pleine guerre russo-japonaise, et matés par les cosaques.

Ces cosaques, on les trouve partout disséminés par petits paquets, en Russie Méridionale, et sans doute partout ailleurs, Et me revenait ce mot, entendu tant de fois depuis que je suis en Russie : « Les cosaques ont sauvé la Monarchie... » Qui sait si, peut-être, ils n'auront pas, quelque jour, à la sauver à nouveau ?...

*
* *

Retour sans incident, dont l'intérêt s'accentue de la différence, toujours inattendue, de l'aspect d'un parcours effectué en sens opposé. Retrouvé à son poste l'aimable général. Croisé les deux autos régulières de la Compagnie française venant de Tiflis, la première occupée, me baragouine le chauffeur circassien qui nous mène ce jour-là, par une dizaine de nos compatriotes excursionnant au Caucase. Fait particulier : nous aurons rencontré dans tout ce parcours peu d'Allemands, mais pas un Anglais. Dieu sait si, cependant, les Insulaires pullulent, en quelque point du Globe que l'on aille. Ils venaient en nombre jadis, me dit-on, et ont disparu. Les courants changent.

***

Les deux dernières heures de trajet, avant d'arriver à Tiflis, sont pénibles. Un vent de tous les diables nous enveloppe d'un nuage de poussière et rabat sur nous notre propre fumée. Nous arrivons asphyxiés, aveuglés, punis par où nous avons péché vis-à-vis d'autrui. Juste retour!... Ravis aussi de notre « raid ». Bien que nous ayons essuyé à l'aller et au retour de redoutables coups de fusil : à déjeuner, s'entend, dans les fâcheuses auberges improvisées le long de la route.

Pour un pays réputé si peu sûr, ce pacifique coup de fusil, reçu en plein estomac, est le minimum de ce que nous pouvions escompter. Il passe sans traces. Par contre, nous venons de recueillir, en cette rapide randonnée, d'inoubliables souvenirs.

EN LONGEANT LES COTES D'ASIE MINEURE

Nous voici de nouveau à Batoum, les yeux encore pleins de ce que nous avons vu en un rapide kaléidoscope : costumes de légende, physionomies farouches, gracieuses ou pittoresques beautés de femmes; souvenirs d'histoire ou de légende; incomparables splendeurs de la Nature. Tout cela s'est accumulé dans notre cerveau en trop peu de temps pour n'être pas encore confus.

Il nous faut maintenant le repos de l'esprit; celui du corps aussi. Car nous venons de donner un effort physique considérable. Je me demandais même si ma femme pourrait le supporter; mais le Tour du Monde par mer et l'Afrique Équatoriale l'ont aguerrie...

Le repos, ce sera notre retour, ponctué de maintes escales, sur l'*Ispahan* des Messageries Maritimes : un beau navire, moderne, de ce type des paquebots-cargos, dont on arrive à préférer, quand on a l'habitude de naviguer et qu'on le fait pour son agrément, l'intimité relative à la cohue et au protocole des grands paquebots rapides.

Nous devons embarquer le même soir à bord de l'*Ispahan*. Juste le temps de faire régulariser, pour sortir de Russie, mon inséparable passeport.

Il lui faut le visa de la police et de la douane. Pourquoi la douane? Mystère et bureaucratie. A la police, j'expose mon cas par interprète, au sloughi — chien russe — du commissaire. Je dois obtenir en quelques heures ce pour quoi deux jours sont habituellement nécessaires. « Revenez à deux heures », me répond le sloughi. A l'heure dite, toujours par le canal de mon interprète, j'apprends que le précieux livret est encore chez le commissaire. « Mais, ajoute le planton, avec une voiture, je puis aller le chercher. » Touché de cette ingénieuse proposition, je paie, largement, une voiture au bon agent, qui fait la course à pied; et j'ai enfin mon papier régularisé.

A la douane, un scribe écrit imperturbablement, tandis que, dehors, la tourbe des humbles ressortissants attend, passive. Si je passe à mon tour, j'en ai pour un temps infini. Toujours flanqué de mon interprète, je me plante résolument devant le guichet, tandis que le personnage continue froidement à écrire sans feindre de s'apercevoir plus de ma présence que de celle de la longue file bariolée des misérables hères. Cette petite scène, le croiriez-vous? m'est presque agréable; elle me rappelle la patrie absente et nos douces administrations. Vais-je être obligé de lui payer aussi une voiture, à celui-là? Je me décide à l'arracher à son absorbant labeur, et tends mon papier en disant simplement : « Franzouski! » Le mot fait son effet; le scribe prend la pièce, la vise, me la rend, et se remet à écrire, tandis que la théorie des pauvres diables s'allonge, silencieuse et résignée. O bureaucratie! Universel fléau!

*
* *

L'heure du départ est passée déjà. Qu'attend-on? On attend un cortège, qui arrive, après s'être fait convenablement désirer : des fonctionnaires en uniforme, parmi lesquels je reconnais le scribe de la douane, auquel j'ai eu affaire pour la régularisation de mon exaspérant passeport; des douaniers, sabre au côté; des gendarmes. Qu'est-ce que tous ces gens vont nous faire, me demandé-je, comme l'autre jour, dans le wagon, lorsque je vis arriver une procession de personnages, pour... contrôler mon billet! Pas grand'chose : viser nos passeports, — encore! — et organiser dans le navire une chasse assez serrée pour que personne ne passe « à travers mailles ». Un Persan, non muni de passeport, est débarqué sans autre forme. Enfin, c'est fini ; on dérape. Et j'éprouve inconsciemment comme une sensation de libération. Cependant, durant tout notre séjour en Russie, l'accueil fut charmant, et les choses nous ont été infiniment facilitées. Il est des sentiments nés de l'empreinte de sa race, et contre lesquels on ne se défend pas.

*
* *

Deux observations, avant de quitter la Russie ; toutes deux également suggestives.

La première a trait au régime des Israélistes, là-bas ; sujet d'ailleurs effleuré déjà ici :

Les Israélites russes sont soumis à des conditions spéciales qui ne laissent pas de leur causer une indignation assez naturelle. Les Israélites des États-Unis protestent notamment contre l'obligation qu'on leur impose de justifier d'un passeport délivré par les agents russes à l'étranger. A Washington, M. Oscar W. Underwood, le leader de la majorité, vient de déclarer que si le Gouvernement russe continue à refuser comme non valables les passeports américains délivrés aux Juifs, et à exiger des passeports délivrés dans les consulats russes des États-Unis, les traités de commerce conclus par les États-Unis avec la Russie seront dénoncés. M. Underwood est persuadé que la proposition sera votée par le Congrès.

A ce propos, un grand journal de Paris demandait dernièrement aux Israélites français s'ils continueront à admettre qu'on les invite, à l'ambassade russe, à déclarer, lorsqu'ils veulent pénétrer en Russie, qu'ils professent la religion protestante. Les grands hôtels, en Russie, ont fait de cette exigence une condition absolue, ajoutait ce journal, auquel je laisse la responsabilité de son assertion. Ces hôtels sont interdits aux Israélites, auxquels on n'accorde la permission de se loger que dans des hôtels de dixième ordre, situés dans un quartier spécial.

La seconde observation, extraite d'un rapport consulaire, a trait à l'outillage urbain, « thermomètre économique » des villes du Caucase :

Au Caucase, sur 103 villes :

7 sont éclairées à l'électricité.
3, au gaz.
62, au pétrole.
86 possèdent un abattoir.
27 sont pourvues de conduites d'eau.
6 possèdent une canalisation d'égouts.
5 ont des tramways.

Si l'on compare ces données régionales à l'ensemble de la Russie, on trouve que, au total, sur 1 082 villes que comporte l'Empire, il n'en est que 886 qui possèdent un éclairage quelconque et 74 seulement ont l'électricité; 897 ont un abattoir, 192 une conduite d'eau, 58 des canalisations d'égouts et 55 des tramways. C'est modeste. Et la Russie a encore fort à faire pour parvenir au niveau des grandes nations économiques, sous le rapport de l'outillage général.

*
* *

Avant de quitter Batoum, j'apprends que le train dans lequel nous revenions de Tiflis a été arrêté la nuit, pendant notre sommeil, par la police, qui a mis la main sur des porteurs de bombes. Un journal de Batoum, paru le jour de notre départ confirme le fait en ces termes :

Dépêche 15-28 juillet.

Tiflis.

« Dans le train postal, à la station de Samtredi (1), on a « découvert un panier contenant sept bombes. Six per- « sonnes arrêtées. »

(1) *N. B.* — La station de Samtredi se trouve à une distance de trois heures en chemin de fer de Batoum.

Le petit jeu des bombes va-t-il recommencer là-bas?

*
* *

Passagers orientaux très hétéroclites. A la table des premières, une demi-douzaine de personnages persans : de gros richards, dit-on. On leur a servi tour à tour, dès les premiers repas, de la brandade, de la bouillabaise, de la choucroute. La cuisine de l'*Ispahan* est excellente. Nous nous régalons. Enfin, pour compléter le « cycle », on nous donne des tripes à la mode de Caen parfaites. Cette fois la mesure est comble, pour les descendants de Darius; et l'un d'eux a cette exclamation du cœur, traduite par un Hellène, qui comprend le persan : « Ah çà! est-ce que ces c... d'Européens vont nous faire manger des saletés pareilles pendant tout le voyage? »

Et l'on prétend que la cuisine française

jouit d'une réputation universelle! Question d'optique... gastronomique.

*
* *

A bord, on fait vite connaissance, entre gens sympathiques, venus de partout, ayant le plus souvent beaucoup vu et pas mal retenu. On bavarde. Et chacun de narrer une anecdote, un souvenir. J'ai noté, entre bien d'autres, ces menues histoires :

Un officier arrive chez des amis intimes, après une éclipse d'une semaine.

« Qu'êtes-vous devenu ces jours-ci, lui demande-t-on.

— Voilà, dit l'officier. Après le jeûne du carême, fatigué de ma pénitence, je ne me suis pas dégrisé pendant huit jours. C'est fini et me voici. »

« Tout le monde trouva la chose naturelle », ajoutait mon interlocuteur.

Ce trait, encore : à Bakou, un officier

courtisait la femme d'un très riche Tartare. Le mari l'apprend, séquestre l'officier et le supplicie pendant trois jours, au bout desquels le malheureux expire. Le bourreau, convient-il d'ajouter, fut puni.

Quelqu'un nous cite le fait d'un Russe, propriétaire de mines, dont la fille unique vient de passer son brevet d'ingénieur, pour diriger les exploitations de son père. Nouvelle, et, certes, non critiquable forme d'un féminisme que nous connaîtrons quelque jour en France, sans aucun doute.

La dernière, racontée par un de nos com patriotes, familiarisé avec les choses du dehors, est celle d'un consul de France en une très grande ville d'Orient ; ce fonctionnaire ayant à célébrer un mariage se fit d'abord incongrûment attendre de la noce. Il arriva enfin, mais... en veston de tussor jaune. Il procéda et partit, tandis que les kavass, après avoir fait circuler un plateau de quête « pour les pauvres », quémandaient un bakchich pour eux-mêmes. O Maisons de France, votre sac est inépuisable!

*
* *

Nous allons maintenant, jusqu'à Constantinople, longer la côte d'Asie Mineure, sans la perdre de vue, et en touchant de nombreux petits ports intermédiaires, peu aisément accessibles autrement que par cette navigation, et, certains, d'un réel interêt historique ou même économique.

C'est, d'abord, Trébizonde, où de vieilles murailles, bien conservées, édifiées le long des falaises bordant un vallon escarpé rappellent l'origine génoise de la ville, au treizième siècle, sur l'emplacement de l'antique Trapezos. Il me faut, en débarquant, exhiber au garde turc mon inséparable passeport, bien que cette exaspérante formalité, supprimée en fait à Constantinople depuis le Nouveau Régime, ai-je dit, le soit, en principe, dans tout l'Empire turc. Elle subsiste évidemment ici par l'influence de la force acquise. Plus explicablement, en tout cas, qu'à Salonique.

Malgré le voisinage de Batoum, toute proche, la ville est très turque; les Turcs sont d'ailleurs les maîtres de Trébizonde depuis le treizième siècle. Une Sainte-Sophie, ancienne église transformée en mosquée, montre quelques restes de belles fresques. La campagne est d'une remarquable fertilité et les cultures descendent jusqu'à la mer, comme nous le verrons par la suite, presque partout, en Anatolie.

Population pleine de caractère : beaucoup de costumes de l'intérieur, non vus ailleurs encore; quelques santons, ces prophètes ambulants spéciaux à l'Orient musulman; des écrivains publics, accroupis dans leurs échoppes. On nous montre la très somptueuse tombe d'un général, tué, il y a quelques années, par un de ses officiers, qui lui réclamait en vain un arriéré de solde. Le sultan a fait édifier, sur sa cassette, un beau monument à la mémoire de ce général. Les frais, est-il besoin de le dire, dépassèrent cent fois la somme pour laquelle l'officier était devenu meurtrier. Ce genre de logique est universel et courant.

Devant une caserne croulante, une sentinelle monte la garde, en babouches, comme au bon vieux temps. Une école militaire. De place en place, le long des rues, des cimetières, dont la terre, nouvellement, superficiellement, remuée, mêle ses émanations à celle de l'ambiance, malpropre. On s'étonne, à parcourir toutes ces villes orientales, que le choléra, dont il est fort question en ce moment en tous ces parages, n'y soit pas à l'état endémique, et que la peste y soit rare.

La Jeune-Turquie viendra-t-elle à bout de l'indifférence ancestrale de toutes ces populations? Le doute est permis.

Un port exista là jadis, dans l'antiquité,

construit par l'empereur Adrien. Il en reste quelques vestiges. Les Turcs ont commencé une jetée; interrompus depuis longtemps, les travaux n'ont pas été repris. Le matériel est là, qui se rouille. Ces quelque cent mètres de digue ont coûté 28 000 livres, paraît-il : 628 000 francs. Ils ont duré six ans, et ne seront vraisemblablement jamais achevés. « Voilà comment on travaille dans ce pays! » ajoute philosophiquement celui qui me donne ces renseignements. Soyons indulgents à nos techniciens officiels; ils font mieux : aussi cher, aussi lentement, mais, enfin, eux, ils aboutissent généralement. Et puis, ils ne connaissent pas le « Sultan Bakchich! »

Au moment où nous quittons Trébizonde, arrive un des paquebots récemment achetés par les Turcs en Allemagne; les Turcs font actuellement un visible effort pour relever leur marine; et, chez eux, à en juger par de fantaisistes tableaux, répandus partout à profusion, est entreprise une propagande

16

active en vue d'intéresser le gros du public à cet effort. Seulement, pour qu'il porte, les dirigeants ottomans devront corriger la mentalité de leurs concitoyens, leur inculquer des méthodes d'ordre et d'administration, de manière à éviter que tel de ces paquebots, nouveau venu, sinon sur les mers, du moins sous pavillon turc, vende ses embarcations pour se procurer du charbon, comme le fait s'est passé, m'est-il assuré de bonne source.

Nous poursuivons vers l'Ouest, en continuant à longer la côte, dont les détails, visibles à l'œil nu, s'observent à la jumelle en une précision extraordinaire. De hautes montagnes courent, à l'horizon. Leurs contreforts sont coupés de cultures et de bois : Les cultures, c'est, avec les haricots, le tabac, pour la plus grande partie exporté par Samsoun en Égypte. La vieille terre des Pharaons ne produit pas un pied de tabac... mais inonde le monde de ses cigarettes : ce qui est à la fois très commerçant et très malin. Les bois, ce sont des noisettes, dont toute la côte, jusqu'aux environs de Samsoun, exporte annuellement d'énormes quantités. Les fabriques de chocolat en sont les principales acheteuses. La noisette serait-elle devenue un succédané du cacao?

Mithridate fut le fondateur de Kerassun, où nous touchons.

Après un arrêt à Unieh, interminable escale, où par l'inorganisation du transbordement de la part des gens du pays, nous mettons des heures à charger moins de deux cents tonnes de céréales, nous arrivons à Samsoun; belle rade, mais ouverte, comme toutes celles de la côte turque de la Mer Noire. De l'antique Amisus, située à la limite du Pontus et de la Paphlagonie, il ne subsiste rien. La ville est neuve; le mouvement maritime y semble considérable. Il est attesté par la quantité de grandes mahonnes alignées le long du rivage, en même temps que par les voiliers caboteurs, qui pullulent le long de cette côte où, faute de routes et de railways, ils constituent le seul moyen de transport.

Quelques-uns de ces voiliers sont tout à fait intéressants par leurs formes archaïques, à peine modifiées de celles du moyen âge. Il en existe encore, paraît-il, cinq ou six qui rappellent étrangement les anciens galions. Le plus jeune d'entre eux a une soixantaine d'années.. Précisément, le hasard devait nous faire, à l'une de nos escales, mouiller en rade auprès d'un de ces ancêtres. Fort obligeamment, l'aimable commandant de l'*Ispahan* me donna une embarcation pour aller photographier sous toutes ses faces ce curieux bateau, et « fixer ses traits pour la postérité » avant le jour, proche sans doute, où le dernier d'entre eux aura disparu.

En même temps que l'*Ispahan,* un steamer russe, deux cargos et un paquebot, allemands tous trois, l'*Arta*, le *Péra* et l'*Antarès,* battant guidon de la Deutsche Levante Linie, sont sur rade.

Ici, encore, pas un navire anglais. Deux des allemands sont chargés jusqu'à la limite.

« Les Allemands, me dit-on, raflent à coup de rabais, par ici, — comme ils le font ailleurs, — tout ce qu'ils peuvent. Ils passent pour perdre de l'argent à ce jeu ; la Deutsche Levante Linie ne prospère guère, malgré le tonnage qu'elle enlève. Seul, l'appui latent de leur gouvernement peut permettre aux armateurs allemands de continuer un tel jeu. »

Ce dire ne me surprend pas. Il confirme ce que j'ai entendu à ce propos sur bien d'autres points du globe. Par contre, les lignes allemandes réussissent peu auprès de la clientèle de passagers : les tarifs sont bas... mais à bord tout se paie à part, très cher, tout, jusqu'aux bains! Ce système de trompe-l'œil, très en honneur sur les lignes de nos voisins, a eu vite fait d'être éventé par la clientèle, laquelle est demeurée fidèle à nos bateaux et à ceux du Lloyd austro-hongrois. Nous nous en apercevons à l'envahissement de notre bord, non seulement par une foule amusante et variée de passagers de pont, mais aussi de passagers de cabines « sans nourriture », voisins encombrés de marmaille piaillante, très sale, et qui se sont offert ce luxe, lourd pour eux, dans le seul but de s'éviter les ennuis des visites sanitaires, dont sont dispensés ces voyageurs de première, supposés *ipso facto* propres et sains. Heureusement, nous devons débarquer à Constantinople ces occasionnels compagnons de voyage, subis, mais bien indésirables.

Toute cette clientèle très particulière, de la côte, comporte un emploi peu banal : le Cafidji, personnage autorisé à vendre aux indigènes du café dans une échoppe établie spécialement à cet effet sur le pont. Mais sa principale fonction consiste à servir d'interprète entre tous les dialectes très différents que parlent ces gens, et a maintenir l'ordre, autant que possible, dans leur foule. Parti avec nous de Batoum, le Cafidji ne dépasse pas Constantinople ou Smyrne.

*
* *

Dans la journée, un des trois allemands appareille. Il passe entre ses deux compatriotes, de la même Compagnie, et nous. Il ne salue personne, ni eux, ni l'*Ispahan*. La différence entre les gens éduqués et les parvenus mal dégrossis est faite de ces nuances. Les marins teutons sont en passe de se tailler dans le monde entier une réputation de sans-gêne et de manque de procédés à l'égard d'autrui, qui les fait déjà cordialement détester de tous. Cela ira en s'accentuant. Nous n'y perdrons pas.

*
* *

On reparlera de Samsoun : retenez ce nom. Ce sera la tête de ligne du fameux chemin de fer de Bagdad, dont les Allemands ont fait l'un des objectifs de leur expansion future, comme est l'objet de leur sollicitude, en vue d'un avenir imprécis, l'Asie Mineure, admirable et riche contrée, imparfaitement exploitée, au sous-sol presque entièrement vierge encore par l'indifférence de ses possesseurs actuels. Est-ce pour ce motif que l'Allemagne est, on le sait, puissance *gratissima* à Constantinople?

Il est évident que, au seul point de vue du progrès, le chemin de fer de Badgad s'imposera quelque jour : il faut, à l'heure actuelle, quarante jours pour, du grand centre turco-asiatique, gagner Samsoun qui est son port le plus proche vers le Nord et l'Ouest.

« Voulez voir le chemin de fer de Trébizonde? » nous demandait plaisamment notre guide. Et il nous conduisit en un point fort curieux, où de primitifs chariots à roues pleines, attelés de buffles, des troupeaux d'ânes pesamment bâtés étaient réunis en foule le long de la mer, prêts à partir groupés vers de lointaines destinations de l'intérieur.

Ce chemin de fer-là, à l'exception de quelques tronçons en cul-de-sac, tel celui d'Angora, c'est celui de toute la Turquie d'Asie. Mais ce n'est pas celui avec lequel l'Empire des Sultans s'ouvrira à la civilisation.

Nous avons eu grand tort, en France, de nous désintéresser à un tel degré des affaires ayant trait à cette partie du monde, et de nous imaginer que nous avions tout fait en entretenant des consulats dans ces pays où, quoi qu'il arrive désormais, notre extrême et prolongée réserve nous aura interdit définitivement d'intervenir.

*
* *

Au moment d'appareiller, un bel uléma, en turban blanc, robe ample soignée, embarque, suivi de ses trois femmes; celles-ci le visage caché sous le voile noir, — le yachmak, — enveloppées de longs manteaux dissimulant leurs formes, bien chaussées, gantées : des dames. Il les installe avec sollicitude.

Qu'un homme ait plusieurs femmes, c'est chose courante ailleurs qu'en Orient, encore que les héros de ces polyoccupations s'en cachent, chez nous, plutôt qu'ils ne s'en vantent. Mais, ce qui m'a toujours rendu rêveur, en pays de Mahomet, c'est de savoir comment ces messieurs s'y prennent pour obtenir de leurs épouses l'ordonnancement d'un roulement de présence, consenti et observé?

Simple curiosité masculine, puisque cela, au surplus, ne nous regarde pas.

*
* *

Les exigences du service sanitaire nous conduisent à Sinope, sans regret, au demeurant, car c'est bien l'un des endroits les plus curieux qui soient au point de vue de la configuration : la vieille cité, dont Strabon et Appoladone attribuent l'origine aux Argonautes, fut la capitale de Mithridate et la patrie de Diogène. Pauvres quarantenaires prisonniers que nous sommes, nous ne pouvons aller à terre. Et c'est encore par la jumelle que nous détaillons la ville, ses hauts remparts, bien conservés, sa rade : tout cela d'aspect pittoresque, certes, mais si délabré, si décadent! Déjà, en 1865, le lieutenant de vaisseau H. de la Planche signalait le coup porté à Sinope par le développement de Niapoli, centre actif situé plus à l'Ouest. La chute de Sinope n'a fait que s'accentuer depuis, évidemment : fait d'autant plus inexplicable que Sinope est presque le seul port naturel à peu près sûr de toute la côte, d'ailleurs démunie de ports artificiels... pour cause d'administration turque.

Quel dommage que, là et ailleurs, dans toute cette partie du monde, si remplie de souvenirs, de monuments, de ruines, de vestiges d'un intérêt puissant, n'existe aucune organisation de conservation et moins encore de préservation! Serait-il impossible d'aboutir à une entente avec le gouvernement ottoman en vue d'arriver, d'accord avec les puissances intéressées, à éviter la disparition de tant de souvenirs, précieux vestiges du passé de notre civilisation occidentale? L'initiative serait à prendre. Elle est infiniment souhaitable.

Ce qui fait la curiosité de Sinope, à part ses témoignages de l'antiquité, c'est sa position naturelle, sur un isthme étroit, pelé, jadis occupé par une vaste cité, et qui relie à la terre ferme un haut promontoire au sommet en cuvette duquel est... un lac!

*
* *

Toute la journée se passe en va-et-vient entre le lazaret, dont les baraques en planches, adossées à une côte aride et brûlée, présentent bien le caractère d'insalubrité, d'inconfortabilité voulues pour rendre malades les gens bien portants, qu'on y séquestre à l'occasion : observation que nombre d'autres lazarets peuvent se partager avec celui de Sinope.

*
* *

Une fois de plus, je constate combien l'adaptation d'un moteur à l'une des embarcations du bord rendrait de services, éviterait d'inutiles fatigues à l'équipage, et faciliterait, ne fût-ce qu'au point de vue du gain de temps, les multiples opérations en rade, qui sont la règle la plus courante. L'indifférence, sinon l'aversion, de l'armement en général, aussi bien à l'étranger qu'en France, pour l'adoption à ses usages du matériel automatique, dont l'emploi lui serait cependant si avantageux, demeure inexplicable.

Évidemment, on y viendra. Mais pourquoi s'en priver, depuis si longtemps qu'il est entré dans le domaine de l'application pratique généralisée?

Par exemple, pour le yachtman, pour quiconque, même, aime seulement observer, l'intérêt suscité par la navigation à voile, depuis la Grèce jusqu'en Mer Noire ou en Caspienne, ne se ralentit pas un instant. Les gréements, les formes des voiliers, grands et petits, sont d'une variété qui échappe à la description : antiques, moyenâgeux, ou modernes, orientaux ou occidentaux, les bateaux passent, dans un incessant défilé, non pas seulement amusant, mais plein d'enseignements. Tantôt ce sont de singuliers bricks-goélettes... à un mât, tantôt d'élégantes voiles latines; ici, des barques à livardes énormes, ou bien de grandes baleinières à doubles bouts-dehors, celui d'arrière tenant lieu de bôme; là, des embarcations dont la voilure en losange semble calquée sur celle des pirogues de la côte occidentale d'Afrique; des cotres classiques croisent des bricks à extrémités relevées en château, à la mode ancienne; des mahonnes aux pointes surélevées; des caïques aux avirons ingénieusement équilibrés par un renflement entre le portage et la poignée.

Évidemment cette variété tient à ce que chaque race, chaque île, et Dieu sait quelle multiplicité des unes et des autres, en ces contrées, a conservé ses usages et ses traditions, en matière de navigation.

Pour un amoureux de la mer, rien que cela vaudrait le voyage...

*
* *

La dernière « cargaison » des désinfectés est de retour du lazaret. Les teints sont plus clairs. Les hardes aussi. Au moins, à ce point de vue, la quarantaine a du bon. Combien, parmi ces gens, pourraient dire, comme cette vieille paysanne, tombée à l'eau et repêchée immédiatement : « A soixante-cinq ans, v'là mon premier bain. C'est ben mon dernier, car ça ne m'a point semblé bon! »

Les passagers de première classe, s'ils sont dispensés de la formalité, ne le sont pas de la dîme de deux francs qu'elle coûte, à tous, équipage compris, par tête. Nous trouverions-nous en présence d'un simple choléra fiscal?

*
* *

Au moment où nous quittons Sinope, entre un grand transatlantique âgé, quatre mâts, deux hélices, pavillon ottoman. Que vient faire ici ce léviathan, retraité de l'Atlantique? Voilà : quand la Turquie a fait son dernier emprunt en Allemagne, nos madrés voisins ont stipulé une réciprocité de bons offices sous forme d'une partie du versement en marchandises. On m'a dit : 50 pour 100; mais je crois ce quantum exagéré : à moins que l'amour des Ottomans pour leurs amis teutons ne les ait aveuglés à ce point? Et, entre autres fournitures, les Allemands ont repassé au gouvernement turc une série de rossignols-de-mer, dont le paquebot vu à Sinope, celui de Trébizonde, et d'autres, du même modèle, mouillés dans le Bosphore, sont des échantillons. Ces bateaux sont bien trop grands pour la navigation a laquelle ils sont destinés; leur double machine consomme des montagnes de charbon ; leur exploitation est infiniment onéreuse, comme leur entretien. Qu'importe aux braves Teutons? L'affaire est faite, et elle est excellente, puisque cette flotte d'antiquités était invendable dans d'autres conditions. Ah ! si nos représentants au dehors et notre haute banque voulaient s'inspirer de cet esprit pratique et patriotique, dont font à chaque instant preuve en affaires nos plus redoutables concurrents, que ne gagnerait pas à cela notre pays, bas-de-laine du Monde ! mais un bas-de-laine trop souvent si maladroitement manié, si bénévole et si simple...

Inéboli, ou Niapoli, en Paphlagonie. Dans un site ravissant. Au moment où nous arrivons, une barque officielle nous enjoint de continuer notre route, et refuse même de se charger d'un télégramme. Notre désinfection à Sinope nous aurait-elle rendus suspects ici? Logique sanitaire, sans doute. Nous filons de ce port, où fut jadis commencée et non achevée une digue, sœur de celle de Trébizonde; et le défilé de la côte, montagneuse, pittoresque, boisée, bien cultivée, semée de villages composés de maisons, jolies de loin, mais sans caractère, continue sans ennui, tant il est varié, charmant souvent, imposant parfois : d'autant plus agréable à voir ainsi de près, du pont d'un confortable paquebot, qu'est plus difficile l'accès même de ces admirables pays, où, paraît-il, abonde le gibier, l'ours, notamment, dont on peut couramment, sur cette côte et dans le Caucase, acheter, à certaines saisons, un petit pour une livre turque. L'hinterland de l'Asie Mineure est en effet à peu près, et pour de multiples raisons, inabordable à l'étranger, et surtout au touriste. Il le demeurera vraisemblablement bien longtemps encore. Et toutes ces beautés sont si près de l'Europe, pourtant!

*
* *

Encore une escale d'une nuit à Kerembé, et nous nous engageons dans l'inégalable, dans le féerique décor du Bosphore, d'aspect différent, et plus beau peut-être encore à contempler, sous ce soleil éblouissant, quand on arrive par le Nord.

Après l'arrêt à Saubé, nous voici de nouveau dans cet intense mouvement de navigation, dont je ne retrouve, en mes souvenirs, l'équivalent que dans la rivière de Canton. Et combien pittoresque, aussi! Un remorqueur passe près de nous. Il traîne, par cinq de front, deux rames de petits voiliers dont chacun offre un échantillon différent plein de caractère. Nous revoyons Thérapia; les « Ambassades » d'été : la nôtre plus rougissante que jamais; de sa laideur, sans doute. Les yachts. La *Jeanne-Blanche,* assez terne, auprès du yacht anglais, brillant, immaculé, sous son ripolin. Un petit stationnaire russe. Des vols d'oiseaux : de grandes buses, des bécasseaux, surtout, animent le paysage. Un vieux navire de l'État français, *la Marne,* transformé en ponton, finit humblement ses jours en ces eaux qu'il traversa peut-être jadis fièrement pour aller guerroyer en Crimée. Les bateaux ont, eux aussi, leur destinée. Nombre de yachts, de belles vedettes privées. Et le fait qu'il n'existe peut-être pas dans le globe entier un plus merveilleux champ d'action que le Bosphore, la mer de Marmara et les Dardanelles, pour la pratique du yachting, explique l'importance réelle de la navigation de plaisance dans ces eaux. Voici encore, près d'un yacht anglais transformé en paquebot côtier, l'*Henriette,* battant guidon du Y. C. F. On me montre l'*Insulaire,* de sinistre mémoire, passé sous pavillon turc. Tout près, sur le yacht impérial *Erthogroal*, sur le pont duquel huit matelots font consciencieusement l'exercice. C'est une occupation pour l'équipage de ce bateau rivé à son poste. Au demeurant, à en juger par la hauteur des œuvres mortes du yacht, vu de l'arrière, son extrême étroitesse, accentuée encore par deux énormes cheminées évasées, peut-être est-on judicieusement inspiré en le laissant au repos. L'honneur de cette construction revient aux Yankees.

Nous voici enfin à quai, dont l'abord a été à grand'peine déblayé de la foule des mahonnes et des caïques. Nous y retrouvons trois beaux navires français. Et ces quatre grandes unités au pavillon tricolore, groupées dans le port immense, « rincent l'œil » en un spectacle, hélas! trop rare. Deux splendides steamers roumains, irréprochablement entretenus, équipages en tenue de yacht, arrivent successivement, peu après nous, et accostent non loin de l'*Ispahan*. Ces deux paquebots, tout modernes, remarquables échantillons de l'art naval, sortent, eux aussi, de chantiers français.

*
* *

Nous consacrons notre journée à une nouvelle visite à Stamboul : visite dont l'intérêt — vraiment tragique — s'accroît de la vue des quartiers ravagés par l'incendie. Quand nous revenons à bord, un des paquebots français vient à peine de partir qu'il est remplacé par un nouvel arrivant, le *Niger*, des Messageries Maritimes ; le *Niger* est un de ces beaux navires dont on peut dire : « Pas vieux ; âgé seulement. » Le fait est que les constructions d'il y a quelques lustres étaient autrement belles, harmonieuses de lignes et « marines » que les maisons flottantes, à château central démesuré, que l'on lance aujourd'hui.

Une observation, toutefois : est-ce par une sorte de respect de je ne sais quelle tradition que les Messageries Maritimes conservent à leurs unités leur mâture primitive, qui leur donne une apparence si vieillotte, assurément exploitée par les concurrents étrangers? Ces vergues, ces énormes mâts de flèche, ces hunes, ces matagots démesurés détonnent, vraiment. Non seulement ils alourdissent les hauts du navire, mais, parfaitement inutiles, sinon nuisibles, ils le « marquent ». Le *Niger* et ses congénères, dotés de simples mâts à pible, rajeuniraient de vingt ans : simple remarque consignée incidemment, « pour le bien de la chose », et sans prétendre en quoi que ce soit apprendre leur affaire aux intéressés.

*
* *

Un stage à la Santé, encore, après une nuit passée au mouillage près de l'Ile Tumba. Cette fois, c'est à Tuzla, dans le golfe d'Ismid, que nous nous rendons pour subir la petite formalité, assez inexplicable en soi, car notre destination est Smyrne, donc un port ottoman. J'oubliais : les quarante sous par tête... Encore, n'arrivons-nous pas du premier coup à les payer. Un inspecteur sanitaire monte à bord, et, à l'œil, déclare notre étuve de désinfection hors d'état, en dépit de la patente délivrée quelques jours avant à Sinope. Va-t-il falloir passer au lazaret? Horreur et temps perdu! Peut-être y a-t-il « moyen de s'arranger »? Mais, comme « ce moyen » n'est pas suggéré par le commandant, après quelques difficultés pour « sauver la face », on nous libère sans autre opération que... le petit versement. Nous filons, laissant à leur sort une douzaine de steamers, qui attendent leur tour.

Si, après cela, l'Europe attrape le choléra, c'est qu'elle l'aura cherché.

A propos du choléra, entendu ce bout de dialogue : parmi les passagers est une dame embarquée en grand deuil. Au bout de peu de temps, avec cette facilité de se lier que donne la vie de bord, elle prend part à la conversation d'un groupe.

« Je viens de perdre mon mari, dit tristement la dame.

— Ah! fait quelqu'un. Et ce pauvre monsieur est mort du choléra, sans doute?

— Non. D'une fluxion de poitrine.

— Ah! Il n'est pas mort du choléra? Allons, tant mieux... tant mieux! » s'écrie le quidam, très convaincu.

Nous passons, de nuit, les Darnadelles, après une charmante navigation d'un jour, où nous avons fait du véritable cruising en longeant les rives de cette délicieuse Marmara, fait escale à Moudameh, le port de Brousse, et rangé, entre autres sites dignes d'un souvenir, l'Ile des Princes, villégiature aimée des Constantinopolitains qui trouvent là les ressources d'un séjour luxueux, en des palaces édifiés au cours de ces dernières années.

Nous doublons le cap Baba, que couronne un vieux château fort, entouré d'un misérable village. Nous nous engageons dans le chenal qui, de la terre ferme, sépare Mytilène, l'antique Lesbos, dont nous suivons la côte, à toucher. L'île, aux montagnes arides, sillonnée de vallées fertiles ou de plaines plantureuses s'allongeant parfois jusqu'à la mer, passe pour une des plus riches, sinon la plus riche, de l'Archipel. Deux baies profondes, immenses, l'ont dotée de ports naturels, inutilisés; la ville même de Mytilène, près de laquelle s'élèvent les ruines d'une vieille forteresse, est construite en dehors, face à la mer, sans doute suffisamment abritée en ces parages.

Un assez grand steam-yacht, propriété, probablement, de quelque riche habitant, est mouillé là.

Une montagne d'un millier de mètres domine les autres : l'Olympe, auquel, sur le Continent, l'Ida fait vis-à-vis. Nous voilà en pleine mythologie. L'Olympe de Mytilène est un des nombreux homonymes qui font à celui de Salonique, le seul, le vrai, une concurrence déloyale. Où la concurrence va-t-elle se nicher?...

Lesbos, aux rites mystérieux, aux légendes tant exploitées, surtout de nos jours, par une littérature épicée au gré d'une certaine clientèle, cette grande île, semblable à tant d'autres vues depuis des semaines, plantée d'oliviers, parsemée de petits villages humbles, où des huileries se décèlent çà et là à leur laide cheminée d'usine, c'est donc cela? Et n'est-ce que cela? En quoi la Lesbos antique peut-elle avoir différé de la Mytilène moderne? Et les Lesbiennes de la Grèce mythologique dont nous avons fait, d'après les Anciens, les prêtresses d'un culte, idéalisé par l'imagination compliquée de certains, furent-elles bien autres que ces paysannes frustes et négligées, telles qu'on les voit aujourd'hui dans tout l'Archipel?

Vu de près, de nos jours, le théâtre des légendes fait apparaître le plus souvent celles-ci sous un jour précaire ou risible.

Ce qui n'a pas été de la légende, par contre, ce fut, il y a quelques années, la prise momentanée de possession de l'île par une escadre française, commandée par l'amiral Caillard, lors d'un litige aigu avec la Sublime Porte. On n'a pas, chez nous, où la critique est toujours prête, assez souligné, à l'époque, combien la richesse, l'importance économique et stratégique de l'île, sa configuration offrant ces deux ports naturels dont je parlais, rendait judicieux le choix de Mytilène pour cette démonstration. Nous restituâmes d'ailleurs notre gage, au bout de peu de temps, satisfaction immédiate nous ayant été donnée. Les Anglais, eux, auraient bien trouvé, nonobstant, le moyen de rester... temporairement, comme en Égypte. Leurs théories en matière de politique extérieure ne s'embarrassent pas de vains scrupules. Il se pourrait bien que, inférieure au point de vue de la stricte morale politique, leur manière soit néanmoins la bonne, pratiquement.

Incident émouvant : un passager grec, fou furieux, a frappé des hommes de l'équipage, et, dans un accès de rage, jeté son propre bagage par-dessus bord. On maîtrise l'énergumène, on le ficelle, et la crise semble passée. Au moment où, par pitié, on lui rend la liberté de ses mouvements, le fou échappe, enjambe le plat-bord : on le rattrape, déjà dans le vide, et, cette fois, on l'enferme, la camisole de force aux bras.

« Heureusement qu'on l'a eu, me dit un

matelot, nous perdions au moins une heure à chercher ce lascar-là. C'est le règlement, même quand on est sûr de ne pas retrouver le bonhomme! »

En effet. Je n'avais pas pensé à cela, en voyant le Grec arraché à la mort. L'optique de chacun varie avec sa profession.

Jusqu'à Smyrne, le misérable hurla jour et nuit, et quand, au port, on voulut s'en saisir pour le remettre au Consul, il avait trouvé moyen de se délier, de forcer la porte du cabanon, et de filer, — sans doute avec la complicité de compagnons, — dans une barque, par une corde, le long du bord. On ne l'a plus revu, au soulagement de tous.

Le golfe au fond duquel est bâtie Smyrne s'ouvre à nous vaste, profond, entouré de montagnes, dont le sommet culminant est le mont Pagus, où, il y a quelques années seulement, en admettant que les choses aient changé, il ne faisait pas très bon s'aventurer. Le long du rivage, de riches plaines, peuplées. Nous doublons une pointe ; serrés contre terre par une balise, nous rangeons une batterie de grosses pièces : sans doute une fourniture de Krupp, auquel les Turcs, **obéissant à la germanophilie qu'ils paieront quelque jour,** ont invariablement réservé leurs commandes en ces dernières années (1).

La métropole maritime de l'Asie Mineure, dont les 300 000 habitants sont Grecs, Juifs, Turcs, Européens, apparaît, vue de la mer, vraiment imposante. Sur des kilomètres, le long du rivage, des mouches à vapeur vont et viennent ; de bizarres ferries « à double avant sans arrière » sillonnent la rade. La ville est dominée par des murailles presque intactes en dépit des ravages de Tamerlan, en 1402, et de la reprise par les Turcs, en

(1) Ces lignes prophétiques ont été écrites, et publiées dans un grand journal de Paris un an avant la guerre turco-balkanique.

1422, d'une ancienne forteresse gênoise, et s'allongeant à perte de vue, pour rejoindre les sommets des contreforts voisins.

Un ancien yacht impérial, à aubes, pacifique stationnaire figurant ici les forces navales ottomanes, est mouillé devant le port. Au loin, vers le Nord, un autre grand yacht, privé. De nouvelles formalités de la Santé, la sortie inopportune d'un vapeur au moment où nous nous présentons, retardent de deux heures notre entrée. Dans le port, récent, mais trop exigu et peu favorable à l'aisance des manœuvres, une flotte se presse, où presque tous les pavillons, parmi lesquels de faux américains, navires grecs camouflés contre le boycottage, et même les couleurs de Samos, peu connues, — croix blanche sur fond tricolore, — sont représentés. Un essaim d'embarcations nous assaille, sitôt le navire mouillé au point désigné par un canot spécial, tandis que les bateliers, race insupportable sous tous les climats, nous obsèdent de leurs offres.

A ma surprise, je vois le vapeur de Samos, entré juste devant nous, ressortir des jetées, et mouiller à l'entrée. Je m'informe. Ayant passé outre à l'interdiction d'entrer, signifiée par un pavillon rouge, la maistrance du port a renvoyé le navire au dehors faire une heure de pénitence. Tout à fait réjouissante, et, à coup sûr, peu banale, n'est-il pas vrai? cette manière de coller un navire au piquet, par punition, comme un simple potache.

Au surplus, le Samosien n'avait qu'à s'exécuter, sous l'œil du minuscule et unique torpilleur turc, mouillé près du quai, et tout prêt à sévir... une fois en pression.

A terre, pour le coup, la désillusion est complète. A part quelques costumes de l'intérieur, dans l'ensemble desquels se perçoit déjà l'influence de la Syrie, de longues files de dromadaires, conduits par un âne, et obstruant les rues étroites, c'est la banalité dans la laideur. A peine le bazar pourrait-il offrir un peu d'intérêt, pour qui ne connaîtrait pas ceux des grandes villes de l'Orient.

Et je trouve bien, à cette observation, le caractère pratique du voyage en croisière. Que de centres connus, célèbres même, dont la visite eût coûté perte de temps, peine et dépense; puis, parvenu au but, vous constatez que l'objectif ne valait pas le dérangement. Ou bien, si vous renoncez, vous conservez le regret de n'avoir pas vu une ville, un point réputé, et ce regret ne s'efface plus. Tandis que, en croisière, votre demeure flottante vous porte, souvent à travers des lieux pleins d'attraits eux-mêmes, jusqu'au centre à visiter. A de bien rares exceptions près, et réserve faite d'une petite sélection de personnalités voulant se livrer à telles ou telles études spéciales, la durée de l'escale est toujours suffisante pour en voir assez : tout autant que si vous aviez fait expressément le voyage. Et cela seul est déjà fort bien.

A Smyrne encore, cette prédominance

de notre langue, déjà constatée partout ailleurs en Orient, est nettement accusée. Cela ne va pas cependant sans, parfois, quelques surprises. Témoin cette recommandation, affichée dans un des multiples cafés-chantants qui bordent la mer, en un cadre non sans analogie avec la vieille darse à Toulon : « Défense d'applaudir avec les pieds ! » Noté aussi cette inscription, sur un magasin : « Ici, on parle toutes les langues. »

Si vraiment mon ami Archdeacon dit vrai quand il affirme que, à Tiflis seulement, on en parle soixante-dix ?...

Par exemple, une chose insupportable en Orient, c'est la monnaie, conservée en divisions baroques, au mépris du bon sens décimal, avec un entêtement digne des Anglais, et cause, pour l'étranger, de menus et constants avatars, encore aggravés ici de la fréquente mauvaise foi de l'indigène. Aussi bien doit-on, là comme en tout, tenir compte de la mentalité des gens. Témoin ce petit fait : nous réglons le batelier qui nous a, pour quelques piastres, ramenés à bord. C'était notre dernière escale en Turquie. Il me restait un peu de menue monnaie. Je rappelle l'homme, qui déjà s'éloignait, satisfait de son salaire, et, croyant faire un heureux, lui donne, en bakchich, le solde de mes piècettes. Peu après, le gaillard venait me trouver, pour me réclamer un supplément! Vous supposez comment j'ai reconduit le quémandeur à la coupée.

*
* *

Nous devions embarquer 200 passagers de pont. Au dernier moment, nous apprenons que la police les retient à terre : mesure devenue fréquente, paraît-il, depuis qu'un formidable et continu mouvement d'émigration, principalement vers l'Amérique, s'accentue progressivement parmi les classes pauvres, surtout maintenant que le service militaire est devenu obligatoire pour les non-musulmans.

VERS LA FRANCE
PAR LA GRÈCE ET MESSINE

Nous regagnons l'Ouest. Dans la passe, nous croisons un grand yacht dont le pavillon est, soit dit en passant, arboré à la bôme relevée du grand mât, par confusion avec le hissage à la corne : barbarisme, choquant pour tout œil averti.

Nous longeons l'île de Scio, montagneuse, desséchée, revêche et peu peuplée comme tout cet Archipel. Voici Psara, plus petite, aussi âpre. Andro, le Sud d'Eubée : masses grises et floues dans la nuit claire. Au matin suivant, nous nous retrouvons parmi toute une flottille de steamers, grands et moyens, et un beau yacht anglais, mouillés dans la baie fermée, constituée par l'île de Salamine. Nom célèbre, lieu témoin de la victoire navale des Grecs confédérés sur la flotte perse de Xerxès : un événement sur les détails duquel nos magisters de jadis, comme sans doute ceux d'aujourd'hui, ne sauraient manquer de s'étendre complaisamment. Ces éducateurs oublient, par contre, d'apprendre aux générations de jeunes Français le nom de Bévéziers : ce fut celui d'une des plus grandes victoires de notre pays sur mer, qui mit, un moment, au temps de Louis XIV, l'Angleterre à notre merci, sans que nos pères aient, il est vrai, su profiter des circonstances mieux que ne l'ont trop souvent fait leurs descendants, au cours de notre histoire.

Je ne sais quelle émotion ressentent les hellénophiles à contempler ces eaux « sur lesquelles il se passa jadis quelque chose ». Mais, oserai-je l'avouer, je ne vis là, moi, profane, qu'un coin fort laid, une cuvette brûlante, privée de brise, entourée de monticules désolés, à peine animés par un petit arsenal, deux ou trois modestes unités militaires; en somme, séjour détestable pour un passager. Plus détestable encore quand nous savons être là par la grâce des sempiternelles mesures sanitaires, cependant tous mieux portants, assurément, que les gens qui nous consignent leur porte; car nous n'avons pas un seul malade à bord!

Donc, grosse déception : nous n'irons pas plus au Pirée qu'à Athènes. Cette consigne est désolante, peut-être absurde, mais elle est absolue. Et c'est de loin, bien à portée de la tutélaire lorgnette, il est vrai, que nous devons nous contenter de voir le grand port grec, bondé de navires; la vieille et célèbre capitale antique; le Parthénon, très nettement détaillé, sur son roc à pic; Phalère; et le cirque de montagnes qui ceinture l'ensemble.

Mais, comme je marque mon désappointement, un des nombreux passagers embarqués ici, me dit : « Ne regrettez pas, monsieur. Vous voyez très suffisamment d'ici.

Et, sauf la déception de ne pas admirer de près la merveille du Parthénon, vous emporterez d'Athènes un souvenir aussi favorable, pour avoir contemplé du large ce panorama, que si vous aviez fait un séjour dans la trop moderne capitale. » Au fait, à songer qu'Athènes comptait, lors de l'Indépendance, en 1834, tout juste 300 maisons, groupées au pied de l'Acropole, et que, sauf son Parthénon, le reste est de facture récente, à la fâcheuse mode occidentale des grandes villes de l'Orient, mon interlocuteur a peut-être raison. Et cela me remet un peu de baume! Pas assez cependant pour effacer la déconvenue.

Encore un yacht de fort tonnage, élégant et rapide, devenu ici un bateau de service, et qui nous croise.

Le nombre des unités de plaisance, pour la plupart importantes, les unes demeurées au yachting, les autres affectées à des services divers, multiples, et rencontrées depuis notre arrivée dans les eaux grecques et turques de l'Archipel et de Marmara, a constitué pour moi une véritable surprise. Nul champ, au monde, ai-je dit, ne se prête mieux au cruising. Il existe là, pour ceux qu'intére sse cette branche de l'activité mari time, un débouché, peu soupçonné peut-être en France, sans doute très connu et activement exploité en Angleterre, mais de toute première importance.

Je le signale et j'y insiste.

*
* *

Depuis Constantinople, notre bord a changé d'aspect. L'*Ispahan* est comble. Aux Orientaux, passagers de pont, bariolés, variés, et amusants de pittoresque, a succédé la foule des émigrants grecs, embarqués à Salamine. Ceux-là d'aspect banal, mais bien intéressants aussi à observer : pour la plupart des jeunes gens, pleins de force et de santé; peu de femmes; quelques enfants. Que je voudrais pouvoir converser avec eux, m'enquérir, connaître leur mentalité, savoir s'ils abandonnent leur patrie sans esprit de retour, et pourquoi ils la quittent.

Cette saignée constante, en progression, faite en tant de parties de notre vieux Continent par les pays nouveaux, est un des problèmes les plus graves qui se posent à l'Europe, de nos jours.

La Turquie commence, je l'ai dit, à s'en préoccuper gravement et effectivement. Je ne sache pas que, en Grèce et ailleurs, il en aille de même. Et, pourtant, les nations européennes ne pourront pas voir d'un œil indéfiniment indifférent se prolonger un état de choses qui atteint leur vitalité à sa source même, en dépit de la prolificité de certaines d'entre elles.

Mais aussi, à contempler, comme nous

venons de le faire, ces terres presques sacrées, dont nous avons parcouru les rivages, depuis Patras, longé les îles, vu, parfois loin dans l'intérieur, les campagnes et les monts, l'esprit a peine à se figurer comment, même aux époques reculées, leur aridité, leur désolation, ont pu permettre à la magnificente civilisation de l'Antiquité d'éclore, de s'épanouir, de rayonner, avec une intensité si grande qu'elle a pu survivre à travers les siècles. Ou bien le recul de la légende, sinon la propension des Anciens à l'amplification, ont démesurément grossi les faits, les gens et leurs gestes; ou ces pays n'étaient pas alors ce qu'ils sont aujourd'hui : un tout, fait de monts stériles, de rocs, de plateaux incultes, de vallonnements où coulent parfois des cours d'eau au débit incertain, sinon intermittent. Certaines vallées sont fertiles, m'assure-t-on. L'ensemble du pays n'en est pas moins, pour qui l'examine d'un coup d'œil superficiel et rapide, d'une aridité, d'une nudité rebutantes. Jamais une population assez importante, assez dense, assez perfectionnée, pour représenter ce que la Grèce d'Homère et de Périclès nous a légué de chefs-d'œuvre philosophiques, littéraires et artistiques, n'a pu prospérer en ces lieux, tels qu'ils se présentent à nous de nos jours. Jamais Athènes n'eût pu vivre et se développer dans le cadre désolé, brûlé, hostile à tout effort de l'homme, en lequel elle se montre aujourd'hui. Faut-il donc en déduire que ce pays fut, jadis, riche, fertile et cultivé? Est-il la démonstration de l'adage : « Où le cheval du Turc a passé, rien ne pousse plus? » Des siècle d'asservissement à une autre race, supérieure à la première par sa seule force brutale, et demeurée maîtresse de toute une partie de ce qui fut la Grèce antique, ont-ils peu à peu livré ce pays à l'abandon, et provoqué le funeste déboisement, générateur de la stérilité et de la ruine? Cela encore est possible.

Je me garderai de faire autre chose que soulever la question sans prétendre la résoudre. Le fait n'en demeure pas moins déconcertant, à nos esprits demeurés pénétrés de l'empreinte initiale du classicisme.

*
* *

Notre dernière sensation de la Grèce est une vision féerique. Par une de ces nuits lunaires, claires, étoilées, sur l'eau sans une ride, sans même cette longue houle de l'Océan, éternelle comme lui, et qu'ignore la Méditerranée telle, ce soir-là, que les étoiles, un phare lointain même s'y reflètent, nous dépassons la masse gigantesque, abrupte et farouche du Cap Méléas. La lune détache crûment les arêtes, les fissures, les grottes, les aiguilles rocheuses, surgies de la surface lisse. A l'avant, un Hellène, invisible dans l'ombre, joue sur une flûte aux sons graves une mélopée mélancolique et bizarre, dont la modulation vient, qui sait? léguée par la tradition, de l'Antiquité même? Au loin, Cythère laisse deviner, vers le Sud, sa longue silhouette enveloppée d'un voile nébuleux.

Tant de poésie dans la Nature nous étreint. Nous restons tous silencieux, comme figés, tandis que, lentement, sous nos yeux, la côte se déroule.

Quelles joies intenses, quels souvenirs pour la vie, perdent ceux qui, le pouvant, se privent, par crainte de la mer, ou par indolence, de naviguer, de voir, d'admirer, oh! surtout! d'admirer la Nature, grandiose ou charmante, dont les moindres beautés font disparaître, par comparaison, les œuvres humaines, celles même que nous jugeons les plus puissantes et les plus dignes de notre culte! Mais, en France, combien est restreint le nombre des esprits qui ont cette conception des choses!

Beaucoup de gens considèrent comme une calamité l'obligation de faire une traversée. Je leur concède qu'un court trajet, d'un ou deux jours en bateau, est sans charme. Il représente tout juste l'ennui de l'embarquement, du débarquement, dans le brouhaha des porteurs, des importunités d'offres de service, du campement en pagaille pour quelques heures dans une cabine, où l'on n'a le temps ni de s'installer ni de se créer le moindre confortable. Cela n'est même pas compensé, aux yeux de la plupart, par le plaisir de se trouver transporté en quelques heures et sans s'en douter, pour ainsi dire, dans un pays autre, vers des attraits nouveaux.

Aussi, combien de ces navigateurs à court terme conservent-ils de leur séjour en paquebot un souvenir plutôt frais, poussé parfois jusqu'à l'aversion pour le voyage maritime, quel qu'il soit. Et ceux-là s'abstiennent à jamais de naviguer plus longuement, de faire une croisière en paquebot. Ils ont tort et se privent eux-mêmes, sans en avoir seulement conscience.

Pour ma part, j'ai toujours trouvé pleine d'attraits la vie au large, et vu arriver avec regret la fin d'un voyage maritime. Tout d'abord, je dois le déclarer, je rencontrai invariablement, de la part des commandants dont je fus « l'hôte », un accueil charmant, empressé, soucieux de me mettre à même de tirer de mon voyage le parti le plus grand possible et de rapprocher pour moi dans la plus grande mesure leur navire des conditions du « home ». Ces officiers, tous par la suite devenus mes amis personnels, n'étaient assurément pas des exceptions, et l'on peut, pensé-je, généraliser les éloges que mérite la courtoisie et l'amabilité de ceux auxquels j'eus affaire.

A un autre point de vue, quand on a l'habitude du voyage, et même quand l'encombrement du bateau ne permet pas au commandement de vous accorder certaines facilités complémentaires, on a vite fait de transformer la cabine où l'on doit faire un séjour de quelque durée en un coin bien à soi, répondant à toutes les aises de l'habitat sur l'eau. Et tout ce qu'on loge, donc, dans une cabine! Il n'est pour s'en rendre compte, que ceux qui ont navigué! Personnellement, c'est en cours de voyage maritime, en yacht ou en paquebot, que j'ai commis quelques bouquins et de compendieuses études que je n'eusse peut-être eu le loisir ni le goût d'écrire ailleurs, fût-ce dans mon cabinet de travail.

Puis, quel intérêt, que ce kaléidoscope de gens, de races, de costumes, renouvelés à chaque escale, et variant, en harmonie avec les lieux visités! Quel amusement incessant, aussi, cette existence en commun, pendant une période limitée, avec des gens très dissemblables, venus de partout, que l'on ne reverra jamais le plus souvent, mais que l'intimité forcée de la vie de bord transforme pour quelques jours en commensaux amicaux, avec un caractère d'intimité plus grande, parfois, que si ces indifférents étaient des amis de l'avant-veille. Pour un court laps de temps, un individu, même médiocre, mais qui a vu, est intéressant, sinon instructif. De combien de gens que vous fréquentez couramment en pourriez-vous dire autant?

Sur l'*Ispahan*, les passagers de premières représentent un peu de tous ces éléments : Orientaux, Levantins, Persans et Ottomans, Grecs, Russes ou Anglais; le tout est noyé dans une majorité de Français : touristes, officiers retour de mission, négociants, ecclésiastiques; il y a même des artistes lyriques. Chacun se case à sa place et suivant son goût et ses préférences. On sympathise. Tout un essaim de jeunes filles jette une note joyeuse. On fait de la musique. On joue. On lit. On travaille. Et, croyez-moi si vous voulez, les jours, les soirées, délicieuses, passent tellement vite que, appréciable exception, l'on ne potine même pas! ou si peu...

Employez-vous si bien vos loisirs, êtes-vous plus agréablement, baigneurs des trous-pas-cher, amateurs de villégiatures rurales, ou vous, touristes des villes d'eaux, qui tous, le plus souvent, êtes prêts à plaindre « ceux qui vont sur mer » ?...

Et les traits d'observation, donc, dans ce milieu bigarré qu'est un pont de paquebot :

Un de nos compagnons lit un illustré. Un Persan, son voisin, ignorant des délicatesses de nos usages, se penche en s'appuyant sur son épaule pour voir les gravures. « Ah çà! voulez-vous ce journal? » finit par dire l'autre impatienté. — « Je veux! » riposte le Persan imperturbable. Et il lui retire la feuille des mains, l'emporte, laissant le monsieur interloqué, mais amusé.

D'ailleurs, chez les Orientaux, la notion du tien et du mien n'a pas la rigidité que nous lui prêtons. J'avais laissé près de ma femme un livre. Un médecin, Constantinopolitain, le prend, et se met à le feuilleter. « C'est à mon mari », observe ma femme. — « Est-ce une raison? » repartit en souriant le médecin, qui va incontinent s'installer dans un coin pour lire à son aise.

Il n'est pas jusqu'à la prière publique, faite, sans molestation ni raillerie de quiconque, sur le pont, par les musulmans de toute catégorie, qui n'ait sa pointe de pittoresque.

Hasard ou préméditation? On a mis quatre religieux et quatre musulmans à une même table. Lesquels convertiront les autres? Paris ouverts. Match nul.

Jeu du soir : avec une jumelle marine, pas trop forte, en contemplant la pleine lune, bien nette, on découvre, sur la droite, clairement visible, une jolie tête de femme, étendue, les cheveux épars, posée comme

Chaplin représenta son célèbre tableau. Truc de marin. Essayez.

*
* *

Une fête de bienfaisance fut donnée à bord. Programme très éclectique. Chacun paya le tribut de son « talent de société ».

Lesquels « talents de société » se ressentirent du cosmopolitisme des numéros. Ce fut, je vous l'assure, infiniment plus amusant que bien des représentations de gala, probablement ainsi nommées à cause de la somme de « galette » généralement exigée pour acheter le droit de s'y raser à vingt francs l'heure.

Un monsieur, assez prétentieux, nous chanta, notamment, très convaincu, avec la voix de quelqu'un qui aurait une brosse à dents dans le gosier, une « Chanson des Peupliers » agrémentée de pur accent flamand. Vous jugez de l'effet. Et comme on félicitait le chanteur amateur : « N'est-ce pas que j'ai eu du succès? demanda celui-ci convaincu.

— Certes, répliqua-t-on. Vous aviez, au surplus, arboré, pour chanter, une redingote du meilleur effet, voire des gants gris-perle! Tout à fait smart.

— Oh! ces gants, ce n'était pas par chic, savez-vous. C'est parce que je transpire des mains!... »

*
* *

Parfois, en y mettant la réserve voulue, on cause politique internationale, sujet inépuisable dans ce milieu bigarré. On me conte un geste du prince héritier de Grèce, marié à une princesse allemande, sœur du Kaiser. Est-ce à l'imitation de son impérial frère, ou bien est-ce personnel à la princesse? Celle-ci manifeste parfois à l'égard des Français quelque animadversion. Pourtant, c'est à une mission, composée d'officiers français, commandée par un général, qu'a été confiée l'instruction de l'armée grecque. Or, quelque temps avant la guerre turco-bulgare, à l'occasion d'une circonstance officielle, la mission alla présenter ses devoirs au prince héritier, alors régent provisoire du royaume, en l'absence du souverain. Inadvertance ou disposition préméditée, la réception eut lieu dans une salle ornée du portrait du prince Frédéric-Charles, faisant face à une immense reproduction du classique tableau du peintre allemand Wœrner représentant la proclamation de Guillaume Ier à Versailles en 1871 !

L'entrevue fut correcte, mais fraîche aussi sans doute, car, m'a-t-on raconté, nos officiers, sur l'exemple de l'un d'eux, passèrent la jugulaire, saluèrent et sortirent.

Dépassé le phare de Matapan, puis, — on me l'a assuré, car je dormais à poings fermés — celui de Sapienza. Nous voilà bien, cette fois, sur le retour.

Un jour de pleine mer, par vent très frais, sans voir la terre : rare occurrence, au cours de cette croisière. Cette bonne journée de vrai large, passée à humer la vivifiante brise, va être notre dernière. Oserai-je le dire? Il me faut la perspective de revoir les nôtres et nos amis pour refréner un « Tant pis ! » murmuré *in petto*.

Ah ! quand la mer vous tient !

AU PAYS DE LA MORT
ET DU RADIEUX SOLEIL

Par une chance heureuse, nous arrivons de jour devant la Calabre. Grâce à l'amabilité du commandant de l'*Ispahan,* nous passons tout près.

La côte de Calabre s'offre à nous par l'Est, sous cet aspect d'éminences pelées que présente si souvent la terre, vue de quelque distance, en Méditerranée. Peu à peu, en même temps que les montagnes du second plan s'élèvent, le rivage et les contreforts deviennent plus riches, plus peuplés. Nous longeons la côte « à toucher » : de chaque côté du railway qui, suivant la mer, tantôt disparaît en tunnel à travers une avancée de la montagne, tantôt franchit sur de bas ponts métalliques le lit évasé de torrents ressemblant de loin à des éboulis de pierres, des cultures s'accusent, nettement reconnaissables à leurs nuances tranchées : amandiers vert tendre, orangers et citronniers vert foncé, oliviers vert grisâtre. Des groupes de maisons ensoleillées ponctuent cette nature à la fois fruste et souriante, baignée par une eau d'un bleu paradoxal, sous l'éblouissant soleil. Devant nous, au loin, l'Etna, couronné de vapeurs, annonce la Sicile, proche. Près des villages, plus importants et plus nombreux au fur et à mesure que nous avançons vers l'Ouest, des rangées de petits toits métalliques attirent l'œil. Nous détaillons, de la lorgnette. Les bâtiments sont des ruines, et les petits toits sont les abris élevés aux survivants de la catastrophe; et aussi pour les immigrants, venus nombreux de l'Italie entière, afin de recueillir les concessions constituées avec les biens des familles entières disparues. Tout ce décor d'enchantement dans lequel nous entrons, que nous allons suivre pendant des heures, c'est le pays de la mort et de l'épouvante! D'un village qui s'appelle Consolation, — ironie! — il ne reste rien : tout a été rasé; tout, sauf une maison demeurée debout, intacte, par un de ces mystérieux hasards, qui échappent à l'entendement humain.

A mi-hauteur de la montagne, cramponné à un gigantesque cône rocheux, terminé en vives arêtes, d'équilibre instable en apparence, un humble village vieillot, plus menacé que les autres, semble avoir échappé au cataclysme.

Nous allons donc maintenant voir enfin, de jour, ce coin du monde que les siècles ont célébré comme un séjour d'enchantement, et qu'une brève convulsion de la Terre a transformé en quelques instants en une vision sinistre de deuil et de désastre.

Pendant des heures, le lamentable spectacle se déroule. A Reggio, dont nous passons assez près pour voir les gens à l'œil nu, les édifices, comme les plus humbles demeures, à moitié écroulés, sont demeurés béants. La vieille forteresse elle-même, témoin de tant d'événements passés, est éventrée. D'énormes blocs des quais, vieilles constructions aux invraisemblables épaisseurs, se sont affaissés dans la mer. Le port, peu important et presque vide, est en cours de réfection.

Au fur et à mesure que nous remontons la côte, les gros bourgs se succèdent, dévastés, abandonnés. Accolés aux ruines, dans la périphérie de chaque agglomération, les petits toits neufs brillent, alignés en longues files rappelant les « pueblos » de la Basse-Californie.

Le commandant, désireux de nous montrer aussi Messine, nous fait traverser le détroit, et, se rapprochant de la côte sicilienne, frôler le port.

Là, le désastre est plus visible encore, peut-être. Les monuments, les palais, sont restés debout, ravagés. De quartiers entiers, il ne reste que des décombres informes.

La brise, très fraîche, soulève des ruines les tourbillons de poussière, qui s'envolent en fumée, comme si le feu couvait encore. Tout autour de la ville, par groupes, les « pueblos » s'allongent en ordre symétrique. Dans le port, aux murailles extérieures éboulées, quelques grands vapeurs; et, mouillé dans le centre, le puissant ferry destiné au transport des trains, comme si la mort et la ruine étaient impuissantes à entraver jamais l'audacieuse activité de l'homme, et la stimulaient, au contraire.

Jusqu'à Charybde, langue basse de terre sablonneuse, s'avançant à travers le détroit vers Scylla, sur la rive opposée, le désastre demeure aussi visible. Du grand phare qui marquait là l'entrée du détroit, seul subsiste le soubassement sur lequel a été installé un faible feu, en attendant la reconstruction.

Croisant des barques au mât unique, démesuré, nous obliquons vers le roc de Scylla, à travers les tourbillons, dans lesquels les hommes pêchent à la fouane, juchés sur le piédestal central installé au milieu d'un grand canot à rames; le vieux Scylla lui-même et l'antique château fort qui le couronne sont en partie effondrés, comme le gros bourg adossé à la côte.

Nous virons vers le Nord-Ouest. Le large. Peu à peu la vision de désolation s'efface, en même temps que, au Sud, s'estompent les hautes terres de la Sicile.

Nous respirons à nouveau l'air pur et calme, maintenant, de la grande mer sereine, majestueuse et bonne.

Quelle suite d'ineffaçables impressions ce jour, encore, nous aura apportée!

Dans un livre de Iann Karmor, je trouve cette frappante énonciation : « Il n'y a d'homme complet que celui qui a beaucoup voyagé, qui a changé vingt fois la forme de sa pensée et de sa vie. Les habitudes étroites et uniformes que l'homme prend dans sa vie régulière et dans la monotonie de sa patrie sont des moules qui rapetissent tout : pensée, philosophie, religion, caractère. Tout est plus grand, tout est plus juste, tout est plus vrai chez celui qui a vu la Nature et la Société, de plusieurs points de vue. »

On devrait inscrire cela au mur de nos écoles. Le jour où notre pays se sera pénétré de cette formule, notre collectivité nationale prendra, parmi les peuples, le rang que devraient nous valoir sur les autres races notre culture, nos qualités individuelles : le premier, auquel certes peut prétendre notre race !

Le soir, le Stromboli barre l'horizon de son cône fumant. L'*Ispahan* passe tout près.

Nous détaillons nettement les deux bourgs, accroupis au pied du géant, séparés l'un de l'autre par de gigantesques coulées de lave.

« Quelle idée, émet l'un de nous, de vivre sur ce sol précaire, avec, suspendue sur la tête, la menace constante d'un cataclysme et l'obsession des catastrophes engendrées par l'Etna et le Vésuve, si proches!

— Ces gens ne sont pas tant à plaindre, répond quelqu'un, renseigné. Le Stromboli est une villégiature pour beaucoup de Palermitains. L'île produit un vin apprécié, vendu fort cher. Les gens de Stromboli sont loin des soucis du monde, et vivent heureux sans doute, puisque là, chaque coin de terre est occupé, cultivé et recherché. »

A l'Ouest, le soleil se couche derrière les Lipari, bleutées, haut surgies de la mer, spectacle admirable ajouté à tant d'autres.

UNE PAGE DE PLUS...

Des rochers blancs, arides, perdus en mer. Ce groupe, les Ponza, habité aussi, m'est-il dit, par des pêcheurs, qui vont vendre leur poisson à Naples. Décidément, le misanthrope qui, de nos jours, voudrait trouver en Europe un coin de terre pour s'isoler du monde, pourra chercher.

Quelques rocs encore : Monte-Christo, Formica.

Tout ce jour-là, la chaleur est, pour la première fois depuis notre départ de Marseille, littéralement accablante. La « Grande Bleue » est en plomb fondu; elle en a la couleur. Une évaporation intense enveloppe l'atmosphère d'une ouate humide qui pénètre tout, mouille le pont, poisse les vêtements. Les tenues coloniales elles-mêmes, arborées par les rares prévoyants qui s'en sont munis, ne défendent pas contre le feu de l'atmosphère.

Et chacun, affalé, anéanti, aspire en vain après une brise fraîche, qui ne s'élève pas.

« Comment vos chauffeurs font-ils pour tenir? » dis-je au chef mécanicien de l'*Ispahan*.

— Mes chauffeurs ne souffrent pas trop, grâce au courant d'air du tirage forcé, me répond l'officier. Mais la machine est une fournaise! A se demander comment on peut y vivre. »

Et il me cite un nombre de degrés que j'ai omis de noter exactement, mais qui m'a fait frémir. Il me donne aussi ce détail extraordinaire : il a eu la curiosité de prendre la température de l'eau de mer, ce jour-là : il a trouvé 27 degrés! Constatation sans précédent dans toute sa carrière!

Peut-être les techniciens maritimes trouveront-ils quelque jour un système employant les « laissés pour compte » du frigo à réfrigérer les salles de machine et de chauffe, comme, dans les hauts fourneaux, on récupère les gaz pour en faire de l'énergie?...

La faune marine elle-même est anéantie par cette température de l'eau, faut-il supposer, car le passage de l'*Ispahan* ne dérange guère deux cétacés de taille moyenne, qui ne plongent même pas à notre approche, et passent le long de notre bord, à la plus grande joie des passagers, auxquels ils font oublier un instant leur malaise.

Dans le flou du matin, une haute terre, lointaine derrière nous déjà : le cap Corse; nous ralentissons dès ce moment, pour n'arriver à Marseille que le lendemain matin, à cause de la visite sanitaire au Frioul. Le soir, les feux de France. Nos côtes sont merveilleusement éclairées, en vérité, et je le crois, aucun pays au monde ne peut rivaliser avec nous sous ce rapport. Je tiens à le redire avec le légitime amour-propre qu'il est bon d'apporter à faire ressortir telle ou telle de nos supériorités; méthode préférable sans doute à celle qui consiste à nous dénigrer systématiquement en tout, comme cela est fâcheusement le cas de trop de nos compatriotes à l'étranger... et chez nous.

Le soir, nous apercevons quelques feux et les rayons des projecteurs de la flotte, mouillée aux îles d'Hyères. Voilà cinq jours déjà que nous sommes en mer. A notre départ de Grèce, les nouvelles politiques étaient au noir. Il nous faudra attendre encore jusqu'à demain pour être fixés sur le cours des événements. Pour la première fois, peut-être, depuis que je navigue, j'éprouve, comme mes compatriotes de l'*Ispahan,* l'angoisse singulière qu'il y a à se trouver séparé du monde, privé de toutes communications, alors que, peut-être, à ce même moment, se déroulent des faits graves, mettant en jeu notre pays, nos parents, nos amis et nous-mêmes.

La télégraphie sans fil, devenue en nombre de pays, et plus en Nord-Amérique que partout ailleurs, d'un emploi si généralisé que de simples caboteurs en sont munis, s'implante en Europe, et, en particulier, en France, avec une lenteur déconcertante. Je n'ai pas à envisager ici si les charges, assez faibles, en fait, par unité, que son adoption généralisée entraînerait pour l'armement, sont, ou non, compensées par la sécurité plus grande et les avantages donnés au passager; je constate.

Puis, est-il donc impossible de faire supporter à ce dernier les améliorations qu'on lui offre? Et ne préférera-t-il pas lui-même payer pour avoir mieux? On entend d'avance l'objection : la concurrence, les charges déjà lourdes, l'impossibilité de faire accepter par la clientèle un relèvement de prix.

Évidemment, si le public veut des améliorations... mais entend ne pas les payer, il n'y a, de la part de l'armement, qu'à laisser les choses en l'état.

Et s'il en est ainsi, tant pis pour le public; et, aussi, pour le progrès.

*
* *

La terre de Provence nous envoie les douces effluves des cystes et des pins.

Entre notre paquebot et la masse sombre de Sicié, une ombre passe, rapide : c'est un torpilleur, ses feux masqués. Nous le voyons filer dans la nuit, vers un petit feu, visible à la base du cap. Tout à coup, apparaissent, se détachant sur le noir de la côte, dix, vingt autres feux. Des signaux s'échangent, piquant l'obscurité de brefs éclats blancs et rouges, et décelant toute une flottille de torpilleurs, exécutant des exercices nocturnes.

Cette préparation à la guerre, de nos

marins, dans cette nuit sombre et lourde, prête à l'orage, revêt en cet instant, à nos esprits énervés déjà, un caractère à la fois émouvant et presque tragique.

*
* *

Nous nous réveillons au lazaret du Frioul dans le port exigu, fermé, bordé de maussades bâtisses sanitaires et dominé par une muraille rocheuse, désolée de sécheresse et d'aridité. Les passagers de cabine, bien que provenant de ports suspects, évitent la quarantaine. Mais il n'en va pas de même des infortunés passagers de pont, en majorité embarqués au Pirée, point demeuré indemne d'épidémie, cependant. Les pauvres diables sont empilés sur un vapeur, et conduits à terre, où ils vont subir vingt-quatre heures de désinfection en règle. Hygiène publique ou représailles contre les mesures draconiennes prises à tout bout de champ contre la navigation par le gouvernement hellénique?

Nous nous attardons peu à nous le demander, faut-il l'avouer?

Nous allons, une fois de plus, après tant de milles marins parcourus, et tant de populations vues, tant de contrées nouvelles visitées, retrouver le sol de notre vieille Gaule.

« Voyez-vous, ce qui est beau dans la vie du marin marié, me dit un officier de l'*Ispahan,* c'est qu'elle est, par la joie de retrouver les siens, après chaque séparation, une éternelle jeunesse, presqu'une lune de miel sans fin!... »

Je ne puis apprécier. Mais je trouve jolie l'énonciation, et la rapporte.

Marseille. La douane horripilante, et sous la forme de laquelle se présente toujours, fâcheusement, la patrie retrouvée.

Des nouvelles, enfin. Rien encore de cassé avec l'Allemagne. Ouf! bien que...

Des poignées de main. Des « Au revoir! »,

sans conviction, à tous ces compagnons de route, qui furent nos intimes, éphémères, et que la vie va de nouveau disperser sans retour aux quatre coins du monde.

Puis, aussi, ce sentiment très mélancolique que nous venons de tourner, de notre vie, une page de plus.

Bast! Une page qui s'ajoutera à bien d'autres : page charmante, dont la joie du souvenir nous demeurera. Et la vie, génératrice de tant d'inéluctables peines, vaut-elle donc autrement que par les joies compensatrices?...

FIN

APPENDICE

NOTES ÉCONOMIQUES

SUR QUELQUES PORTS DE LA MÉDITERRANÉE, DE LA MER NOIRE ET SUR LE CAUCASE

Nos services maritimes commerciaux vers Constantinople et en mer Noire sont représentés par :

1° Messageries Maritimes :

a) Service tous les quatorze jours Marseille-Odessa.

Escales : Patras (mer Ionienne), Syra. Salonique, Constantinople.

b) Service tous les quatorze jours Marseille-Batoum.

Escales : Le Pirée, Smyrne, Constantinople.

Kérembe, Ineboli, Sinope, Kerassoun. Samsoun et Trébizonde.

La ligne Marseille-Beyrouth par le nord de la Méditerranée, tous les vingt-huit jours, touche Constantinople;

2° Compagnie Fraissinet : Marseille-Braïla, tous les dix jours.

Escales : Gênes, Dardanelles, Constantinople.

Bourgas, Varna, Sulina, Galatz, Braïla;

3° Compagnie Paquet :

Un service Marseille-Novorossik (mer Noire orientale) tous les quatorze jours. Escales : Dardanelles, Constantinople, Samsoun, Trébizonde, Batoum et Novorossisk.

L'organisation de nos relations maritimes avec la mer Noire est, on le voit, aussi complète que possible.

Le détail de ces services appelle cependant quelques réflexions.

Aucune de ces lignes ne touche, même pour une courte escale, ni en Corse, ni en Sicile.

On ne peut guère exciper de la perte de temps occasionnée par un arrêt en ces deux points, puisque nous nous trouvons partout ici en présence de services non accélérés.

Nous plaçant au seul point de vue général des faits, nous n'avons pas à savoir s'il existe, en ce qui concerne la Corse, des conventions, particulières ou autres, attribuant à tel ou tel pavillon privé l'exclusivité du trafic avec notre département insulaire: et pas davantage à connaître des clauses restrictives figurant dans l'article 5, paragraphe 5, de la loi de 1902 sur la marine marchande.

Un seul fait matériel frappe, qui est celui-ci : nos compatriotes corses se plaignent unanimement et avec raison de l'insuffisance et de l'incommodité de leurs communications, non seulement avec la métropole, mais le bassin méditerranéen. Cette situation étant connue, il y a quelque chose de regrettable à constater que, de toutes nos lignes de navigation desservant les au delà de la Corse, et passant à quelques encablures d'un point, au moins, de ses côtes, aucune ne s'y arrête.

Les inconvénients d'un semblable état de choses sautent aux yeux : n'envisageât-on qu'une courte escale devant Bonifacio, sans y entrer en raison de l'accès sinueux de ce port et des droits, que les avantages particuliers et généraux, par le seul fait d'une courte escale, de toucher terre sautent aux yeux : cela permettrait, sans frais appréciables, d'augmenter dans une notable proportion les relations avec le Continent et le Bassin méditerranéen, si favorisé sous ce rapport, et d'exporter, avec de précieuses facilités, les produits de la Corse méridionale vers maintes destinations avec lesquelles ils manquent actuellement de relations directes.

Enfin, nous ne nous lasserons pas de le répéter, l'avenir, la prospérité de la Corse sont dans le tourisme. Et, à ceux dont cette énonciation surprendrait les conceptions, je rappellerai l'exemple de la Suisse, où l'industrie touristique est la base du mouvement économique. Or, on doit le proclamer, la Corse est très supérieure à la Suisse comme objectif touristique, parce qu'elle renferme, en ses 8 700 kilomètres carrés, un ensemble de beautés, de contrastes, une variété de climats qui font d'elle le plus bel objectif de tourisme qui soit. Nous laisserons de côté la question d'aménagement de l'île, sous ce rapport spécial, parce que cela sort du cadre de cette étude. Mais il nous sera permis de dire que les 260 kilomètres de mer qui séparent la Corse de la France sont le plus sérieux obstacle au développement de la prospérité corse. Constatation plus digne encore de retenir l'attention : chaque jour, à quelques encablures des côtes de l'île de Beauté, passent sans s'y arrêter les somptueux paquebots amenant vers l'Égypte, vers Ceylan, l'opulente clientèle touristique internationale, dont la venue, même partielle, dans notre département insulaire, serait la fortune, en suscitant, précisément, la création de ces aménagements dont nous parlions à l'instant.

Puisque nous ne pouvons songer, actuellement, — et encore n'est-ce là qu'une hypothèse discutable, — à l'arrêt de nos grands paquebots d'Extrême-Orient à Ajaccio, qu'il nous soit au moins permis d'insister sur celui des lignes secondaires dont nous nous occupons ici.

Comme corollaire de ce qui précède, je dirai que si, moyennant un léger « déroutement », un arrêt — j'évite volontairement le mot : « escale » — était possible à Cagliari, il assurerait, sans grandes charges accessoires, avec la Sardaigne, si imparfaitement en relations, d'ailleurs très compliquées, avec la France, un mouvement en faveur duquel le marché représenté par les 792 000 habitants de la grande île italienne permet d'escompter les plus favorables espérances. L'expérience coûterait bien peu à tenter; et rien ne permet d'affirmer qu'elle ne comporte pas de l'être.

On a toujours trop de tendance à oublier, en France, ce principe fondamental : « La marchandise suit le pavillon. »

Ce qui est vrai pour la Sardaigne l'est, plus encore, pour la Sicile et l'Italie méridionale. Ce sont là non seulement des marchés fort importants et où nos consuls n'ont cessé de réclamer une organisation de services maritimes entre cette partie de l'Europe et nos ports, mais la Sicile est demeurée, en dépit de la catastrophe qui l'a frappée, un très important centre d'attraction du tourisme international, générateur d'une certaine clientèle de passagers. Notre intérêt général, comme celui de l'armement, commanderaient donc à ce dernier de ne pas se désintéresser d'une source d'activité qu'il a, en quelque sorte, sous la main, puisque ses navires en passent à si faible distance. Là encore, il ne s'agit pas d'une escale, mais de la courte communication avec la terre, au moyen d'un vapeur de service, comme cela se passe couramment chez nous, à La Pallice, à Boulogne, à Cherbourg et ailleurs, avec les lignes étrangères.

***

Cette observation, appliquée aux points précités, en ce qui concerne nos services maritimes, pourrait l'être à une infinité d'autres dans le monde. Le plus typique fut celui de cette grande ligne régulière française venant du golfe de Californie, passant devant tous les ports du Pacifique Sud-Américain sans toucher aucun d'eux, bien que tous soient affréteurs pour l'Europe, et relâchant seulement à Coronel, tout près de Valparaiso, pour... y faire du charbon.

Un des dirigeants de la Compagnie en question, que nous interrogions sur cette anomalie, nous l'expliqua par certaines ententes entre l'armement français et l'armement étranger. Mais, à la même époque, M. Desprez, le très distingué ministre de France au Chili, m'exposait personnellement le préjudice énorme causé à notre influence et à nos affaires dans cette partie du globe par l'absence permanente de notre pavillon.

Aussi plausibles et rationnels que soient les mobiles qui président à l'organisation des services des compagnies de navigation, il est dans nos attributions de Conseiller de Commerce extérieur de faire ressortir ce que telle ou telle lacune, telle ou telle anomalie, a d'incompatible avec nos intérêts économiques au dehors.

*
* *

Le canal de Corinthe n'est utilisé par aucune Compagnie française, et bien que la ligne des Messageries Maritimes Salonique-Odessa touche à Patras, où s'effectue par railway le transbordement des voyageurs pour Athènes et la Grèce. L'administration des Messageries Maritimes n'a donc reconnu aucun avantage à pratiquer le Canal qu'emploient, par contre, certaines lignes autrichiennes et italiennes, sur la mer Égée.

Nous consignons l'observation sans la commenter.

*
* *

Dans les différents ports visités au cours de ce voyage, mon attention a été appelée sur maints navires spéciaux de sauvetage, appartenant à des compagnies anglaises, allemandes ou scandinaves. Notre armement s'est désintéressé de ce genre d'exploitation, qui passe pour fructueux. On peut regretter d'autant plus cette abstention que la Méditerranée nous offrait, notamment, sous ce rapport, un champ dont l'armement de l'Europe septentrionale passe pour avoir tiré un parti avantageux. Il semble malheureusement douteux qu'il reste aujourd'hui une place à prendre en ce domaine.

*
* *

L'observation faite ci-dessus, au sujet des escales en Méditerranée occidentale, s'applique aussi bien aux ports de la mer Noire occidentale. La Bulgarie, la Roumanie représentent pour nous des marchés de première importance avec lesquels nos relations normales et économiques peuvent seulement exister par mer.

Or, ces relations sont, il est vrai, assurées régulièrement de Marseille, nous l'avons mentionné, par la Compagnie Fraissinet. Et pourtant, la grosse majorité des expéditions du Nord et de l'Est de la France à destination de ces pays doivent, en raison des frais élevés du transport jusqu'à Marseille s'effectuer par Anvers, où force leur est de recourir au pavillon étranger; la Compagnie des Messageries Maritimes possède bien un excellent service de grands cargos, venant de Londres, de Dunkerque et du Havre, sur Marseille. Le regretté M. Carteron, lorsqu'il était consul général à Anvers, avait fait les plus grands efforts pour attirer l'armement français dans ce port, avec la conviction que notre pavillon pourrait y concurrencer avantageusement les pavillons étrangers. Il réussit dans une certaine mesure. Et certaines de nos Compagnies prirent Anvers comme point de départ de tels de leurs services.

Nous ne voyons cependant pas figurer la métropole maritime belge sur la liste des escales de la ligne commerciale des Messageries Maritimes, Londres-Havre-Dunkerque-Marseille. Cette compagnie a évidemment ses raisons pour négliger Anvers. Le fait que les lignes partant de Marseille vers la Méditerranée et la mer Noire sont ainsi privées du fret provenant du principal port d'exportation — avec Hambourg — de l'Europe Centrale, n'en est pas moins digne d'un regret; en effet, l'escale d'Anvers permettrait, semble-t-il, par transbordement à Marseille, de relier sous pavillon français les centres économiques de toute la partie médiane de l'Europe, voire le Nord et l'Est de la France, avec la Méditerranée orientale, desservis par Anvers, donc avec la Bulgarie, par Bourgas et Varna, et la Roumanie, par Constantza.

De plus, il est à observer que la ligne Marseille-Odessa pourrait, doublant ainsi les services existants, assurer les escales presque sans dérouter.

L'abstention, ici, de la Compagnie des Messageries Maritimes a sans doute sa cause qui, personnellement, nous échappe. Au point de vue général, elle demeure néanmoins sans explication, comme en contradiction avec l'unanimité des indications données avec tant de persévérance par nos agents à l'étranger.

*
* *

Une disposition, imposée par la configuration des lieux, fait que les docks d'Odessa ne sont pas contigus au port. Cette infériorité a été compensée grâce à l'instauration très ingénieuse d'un chemin de fer aérien, desservant tous les quais, sans en gêner les abords, et dans des conditions très favorables aux chargements, déjà singulièrement facilités sur toute la côte criméenne par l'accostage des navires à des warfs contigus aux champs de production, les batteries, elles-mêmes, installées à la naissance des warfs.

Les grains sont ainsi embarqués sans avoir subi en quelque sorte ni manutention ni faux frais. Ces avantages, impossibles à obtenir ailleurs, n'en expliquent pas moins les prix de revient des céréales en ces pays.

Nous signalons cette disposition aux techniciens s'occupant d'outillage de port.

Le port d'Odessa trouve aujourd'hui un concurrent des plus sérieux dans le port de Nicolaïff, plus avantageusement situé, au débouché du bassin du Dnieper.

De même, le port de Novorossosk mérite de retenir l'attention, car il est, à notre connaissance, le seul en Europe qui ait été exécuté d'après ces principes si économiques et si pratiques des ports de l'Ouest-Nord-Américain : warfs multiples, perpendiculaires à la rive et construits en pilotis; jonction étroite entre les docks et les navires, au moyen de transbordeurs automatiques.

Ce centre est en plein développement.

Un peu plus au sud, la région de Touapsé laisse entrevoir des possibilités de grand avenir pétrolifère. Les initiatives et les capitaux français participent, d'ailleurs, à l'activité économique de cette partie de la Russie.

Au point de vue économique français, la région caucasique nous intéresse surtout comme centre principal de production du naphte. De Bakou, les pétroles sont maintenant envoyés en grande partie par le refoulement en pipe-line jusqu'à Batoum, les wagons-citernes ne suffisant plus à l'évacuation de l'énorme débit par le transcaucasien.

*
* *

Bien que nous soyions parmi les plus importants des consommateurs du naphte et de ses dérivés, la part de notre pavillon dans cet immense trafic est infime; c'est sous pavillon étranger que la presque totalité des affréteurs français font effectuer leurs transports pétroliers. La raison en est simple; le drapeau tricolore emporte dans ses plis un amoncellement de règlements qui obligent l'armateur à dépenser plus d'argent qu'avec les équipages, la réglementation et les navires étrangers : si bien que, sous prétexte de protéger nos équipages, nos Inscrits et de respecter d'antiques institutions, singulièrement aggravées depuis quelques années, nous tuons la poule aux œufs d'or, en laissant, ce qui est pis, en « obligeant les affréteurs à donner » à nos concurrents étrangers la part d'activité qui devrait revenir à notre pavillon : nos marins sont protégés, mais ils chôment...

La réforme de notre organisation maritime, la liberté d'exploitation de l'industrie des transports par mer, la réunion de tous les services de la marine marchande, épars entre sept ministères, en un sous-secrétariat d'État (1) ou une direction unique, générale, au ministère du Commerce de préférence, sont des mesures d'ensemble qui s'imposent : nous ne voulons pas laisser passer l'occasion de le répéter ici.

*
* *

Nous devons signaler, à Tiflis, une initiative française des plus dignes d'intérêt; c'est la Société anonyme française des Transports automobiles du Caucase. Le conseil d'administration de cette Société, au sein duquel figure un conseiller d'État à Saint-Pétersbourg, est composé de personnalités françaises de haute honorabilité.

Lors de notre passage à Tiflis, cette Compagnie assurait par automobiles de 40 H P, construites au Creusot, le trafic direct de Tiflis-

(1) Le sous-secrétariat d'État de la marine marchande a été enfin créé, depuis la rédaction de cette note.

Vladicaucase, soit 213 kilomètres à travers le Caucase, en neuf heures. Elle avait obtenu cette concession, en concurrence avec une compagnie allemande.

Ses résultats ayant récompensé l'initiative de ce service, la Compagnie a décidé d'intensifier son trafic. Devant son succès, elle a reçu en haut lieu l'assurance qu'un monopole et une subvention importante lui seraient acquis, dès la mise en exploitation, pour le service postal à effectuer entre Tiflis et Vladicaucase.

*
* *

Puisque je parle d'entreprises françaises à l'étranger, il me faut aborder un sujet sur lequel on ne saurait trop attirer l'attention de nos compatriotes : c'est l'importance qu'il y a à ce que les Français voyageant au dehors s'imposent de favoriser invariablement de leur clientèle, autant que faire se peut, les entreprises exploitées par nos nationaux : les lignes de navigation et les hôtels notamment. Trop d'entre nous ont une tendance à ne pas tenir compte de cette règle quand cela ne va pas jusqu'à préférer, de parti pris, ce qui est étranger. C'est là un manquement formel à ce que nous n'hésitons pas à appeler « une des formes du devoir national ».

L'éducation du public est encore à faire chez nous sous ce rapport. Il importe d'y travailler sans relâche : raison pour laquelle les données fournies sur ce sujet au cours de ces ouvrages font l'objet d'une nouvelle mention ici.

Une autre observation encore, consignée au cours de ce voyage, mérite d'être retenue : c'est la répartition et l'organisation de nos consulats. Par une conception qu'explique seul le désir de continuer des traditions, nous entretenons dans certains centres, où nous ne possédons, de l'aveu même de nos consuls, ni nationaux, ni affaires, des postes consulaires, là où une simple agence suffirait, alors que d'autres points nouveaux, devenus très importants, par le fait de l'évolution économique mondiale, ne comportent ni consulat français, ni, parfois même, agence. Nous citerons, comme exemple du premier cas : Adana, Erzeroum, Kutaïs, Bitlis, et, du second : Seattle-Tacoma (État de Washington, E.-U.), 450 000 habitants, et Colombo, point de relâche de toutes nos lignes d'Australie et d'Extrême-Orient, où un simple agent consulaire, jusqu'en ces toutes dernières années, exerçait les fonctions de consul.

Une révision de la répartition de nos consulats dans le monde entier apparaît donc comme une nécessité.

Dans le même domaine, il serait souhaitable que les locaux où sont installés les bureaux des consulats fussent fixes, relevant directement de l'administration centrale, invariablement situés dans le quartier des affaires, et indépendants des domiciles des consuls : ceux-ci, libres de se loger suivant leurs conditions personnelles d'existence, et moyennant une allocation de logement calculée, non seulement d'après le grade, mais aussi le *coût de la vie* dans la résidence.

*
* *

Contrairement à ce que nous disions de la ligne Marseille-Odessa, des Messageries Maritimes, sur le parcours de laquelle aucune escale n'existe dans les centres importants placés sur la route Constantinople-Odessa, la ligne Marseille-Batoum ne néglige aucune des escales de l'Asie Mineure, même les plus secondaires, et dont certaines — Samsoun et Trébizonde — sont cependant également desservies par la Compagnie Paquet. Par une omission sans explication à nos yeux, Héraclée, où fonctionne une très importante exploitation minière française, ne figure pas au nombre de ces escales.

Sur toute cette côte, les embarquements et déchargements s'effectuent en rades foraines, au moyen de mahonnes et de gabarres. Ces opérations y sont interminables et constituent la négation même du « time is money ». Elles seraient grandement accélérées par l'emploi, tel qu'il se pratique sur la côte d'Afrique, de « launchs » à vapeur ou à moteur, dussent les chargeurs payer une redevance de ce chef.

En général, l'armement français marque,

même sur ses paquebots neufs, pour cet outillage, qui lui rendrait cependant des services si précieux, une répulsion dont la cause n'apparaît pas.

Telles sont, brièvement résumées, les différentes considérations consignées au cours de ce voyage.

Elles sont d'ordre plus général que particulier, ce qui, conclurons-nous, ne nous a point paru de nature à nuire à leur intérêt.

M. R.-S.

ITINÉRAIRE DE MAURICE RONDET-SAINT AUX CONFINS DE L'EUROPE ET DE L'ASIE

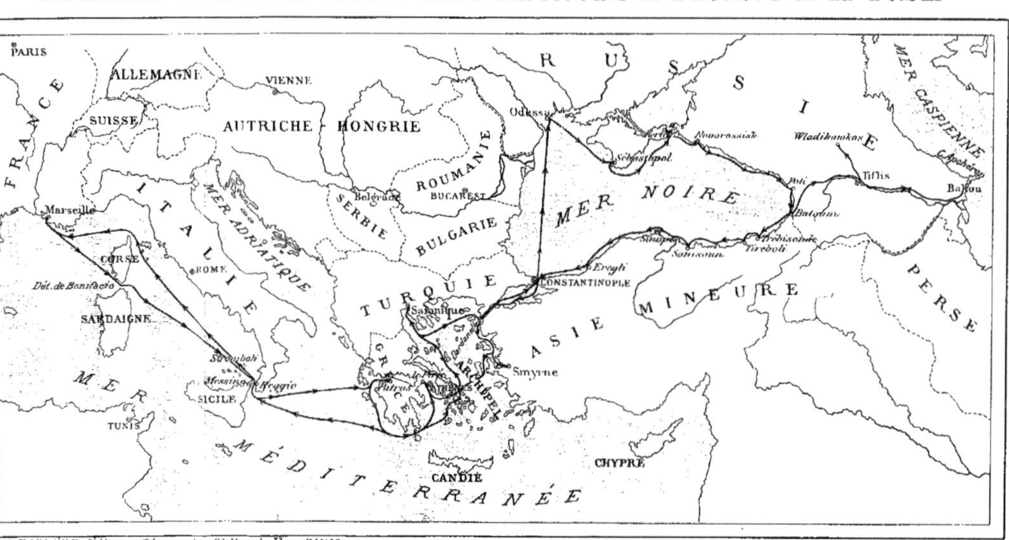

H. BARRÈRE, Éditeur-Géographe, 21 Rue du Bac, PARIS

TABLE DES MATIÈRES

NOTES ET CROQUIS

PARIS. — TYP. PLON-NOURRIT ET Cie, 8, RUE GARANCIÈRE. 18213.

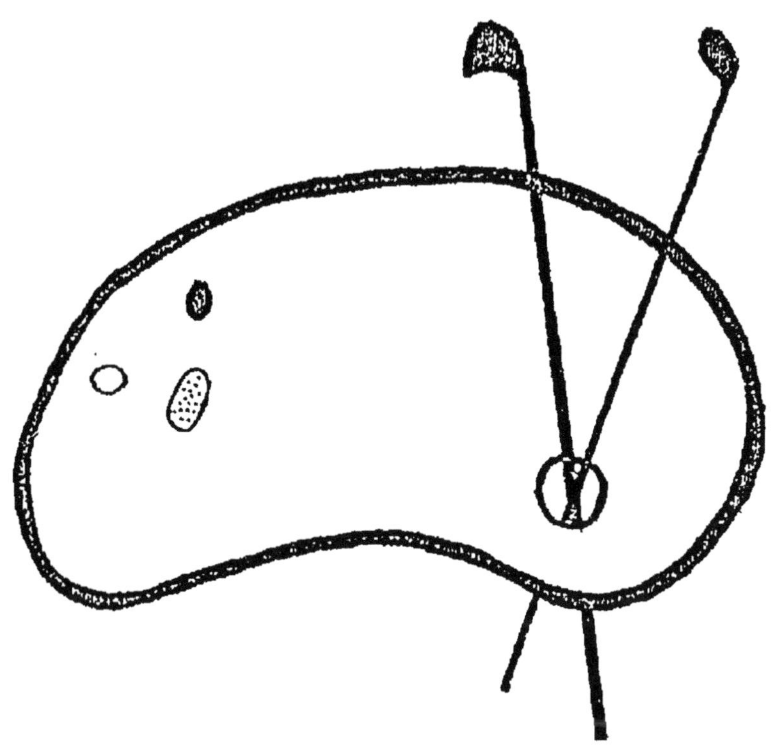

www.ingramcontent.com/pod-product-compliance
Ingram Content Group UK Ltd.
Pitfield, Milton Keynes, MK11 3LW, UK
UKHW020604230726
13926UKWH00005B/2178

9 782013 667708